主 编 /
卢 明 崔允漷
副主编 /
周文叶 胡水林

教案的革命

基于课程标准的学历案

华东师范大学出版社
上海

图书在版编目(CIP)数据

教案的革命:基于课程标准的学历案/卢明,崔允漷主编.—上海:华东师范大学出版社,2016
ISBN 978-7-5675-5762-8

Ⅰ.①教… Ⅱ.①卢…②崔… Ⅲ.①课堂教学-教案(教育)-研究-高中 Ⅳ.①G632.421

中国版本图书馆CIP数据核字(2016)第273981号

教案的革命:基于课程标准的学历案

主　　编　卢　明　崔允漷
副 主 编　周文叶　胡水林
策划编辑　王冰如
审读编辑　张　璇
责任校对　张　雪
装帧设计　崔　楚

出版发行　华东师范大学出版社
社　　址　上海市中山北路3663号　邮编200062
网　　址　www.ecnupress.com.cn
电　　话　021-60821666　行政传真021-62572105
客服电话　021-62865537　门市(邮购)电话021-62869887
地　　址　上海市中山北路3663号华东师范大学校内先锋路口
网　　店　http://hdsdcbs.tmall.com

印 刷 者　常熟市文化印刷有限公司
开　　本　787毫米×1092毫米　1/16
印　　张　14.75
字　　数　223千字
版　　次　2016年11月第1版
印　　次　2024年4月第21次
书　　号　ISBN 978-7-5675-5762-8/G·9870
定　　价　48.00元

出 版 人　王　焰

(如发现本版图书有印订质量问题,请寄回本社客服中心调换或电话021-62865537联系)

2014年浙江省教育科学规划课题
“基于‘学历案’的高中学生学习力提升研究”研究成果之一

教育部人文社会科学重点研究基地重大项目
“学校课程实施过程质量评估的理论与技术”研究成果之一

学历案研究项目组

组长

卢　明

副组长

胡水林

主要成员（按本书出现顺序排列）

翁　洲　王建峰　王　静　王法明　黄桂凤　贺旭东　沈　翔　范　萍
杨建国　马喜君　张艳宗　李　俊　吴国军　唐慧红　汤　吉　曹丽燕
吴建惠　徐建初　魏俊枭　范文旭　吴　伟　雍建红　苏艳丽　李　梅
范国华　赵小娜　李　湘　邓汉军　陈喆蓉　任冯明　许剑琪　张　波
刘立霞　许慧娟　田国华　靳利巧　张　强　周加峰　胡红燕　张红光
陈　颖　赵　刚

合作研究者

崔允漷　周文叶　肖思汉　付黎黎　黄　山　盛慧晓　温　雪　李　静
胡警予　刘丽丽　岑　俐　免古地容子

目录

第一部分　学历案的学理与实践

第二部分　开发学历案的关键技术

第三部分　普通高中各学科学历案精选

前言

核心素养是一个人终身发展、幸福生活和融入社会的必备条件。20 世纪 90 年代起,“核心素养”成为一个统率各国教育改革的上位概念,引领并推动了课程改革、教学方式变革、教育评价改革等关键性的教育活动。随着信息化时代的到来,作为传统工业化社会第一生产要素的“资本”的地位正在被“智本”所超越。以知识与信息的主动且高效地获取、整合、转化、创新能力为主要特征的“学习力”将成为一种核心竞争力,并被正式列为 21 世纪核心素养框架的主要内容。“没有学习力就没有竞争力,学习是一种成长方式”的观念正在被广泛地传播与认同。

毋庸置疑,未来社会的“文盲”不再是知识上的匮乏,而是学习力的缺失。2013 年,浙江省推进深化普通高中课程改革时已明确将“提升学生学习力”作为一项战略性目标和任务来落实。然而,目前高中学生学习力的状况如何呢? 显然,他们的学习被现行的“一分见高低”的高考制度所绑架,学生普遍缺乏主动学习的精神、科学学习的方法和学以致用的能力,而这些恰恰是构成学习力的关键要素。所以,改革不利于学习力发展的制度,探索“学习力教育”的技术创新,帮助学生在知识习得的过程中不断发展这种比“学会多少知识”更为重要的能力,已成为我国当前教育改革的重大课题!

那么,如何提升学生的学习力呢? 在学校层面,有两条路径: 一是课程,二是课堂。就当下情况来看,最大的问题是课堂,我们的课堂急需变革。可是,课堂变革的“家”在何处? 我们回“家”的路又在何方?

2013 年 4 月的一天,我们带着诸多疑问与困惑,到华东师范大学课程与教学研究所向崔允漷教授求教。在崔教授的推介下,我们第一次了解到了他的最新研究成果——学历案。因为彼此间的共鸣与共识,学历案立即作为“课堂变革——促进学生学习力提升”工程的一个实践研究项目被引入元济高级中学。

关于学历案的研究与探索历时两年有余。在这两年多的时间里，我们品尝到了做研究的酸甜苦辣，更深切感受到了我们与学历案一同经历的专业成长。幸运的是，每当茫然无措的时候，我们都得到了崔教授以及他的专家团队及时的专业指导与热心帮助，从而得以一路攻坚克难，勇往直前。如今，我们已经取得了一些阶段性成果，我们的研究得到了国内外专家、同行的热情关注，我们也有了编写此书来和各位同仁分享交流的勇气与动力。

本书由三部分构成：

第一部分，“学历案的学理与实践”。“教案的革命：学历案的由来”从专业的学理视角诠释了“教师即专业人员”的深刻内涵，探讨了通过教案的变革改变教师的专业实践，进而寻求课堂教学“在学习”、“真学习”的最大可能。“学历案在元济高中的探索”主要讲述学历案在元济高中如何落地、生根、发芽并最终开花结果的故事。希望可以让您体会到学历案是鲜活的、丰富的，是真实的、可信的，让您感悟到元济高中的老师们对学历案研究的信念是虔诚的、脚印是清晰的，让您感受到学历案给师生带来的变化是积极的、显著的、充满希望的。同时，我们也向您全面展示了新时期高中新课改大背景下，大学与中学基于伙伴关系的一种合作新模式。

第二部分，“开发学历案的关键技术”。教学是一种专业的活动，它不仅需要以知识与经验为基础，还需要专业的理念引领与技术支持。在这一部分，我们重点选择了 7 个关键的技术问题，即怎样确定与叙写学习目标、怎样撰写评价任务、怎样撰写资源与建议、怎样设计课中学习、怎样撰写与利用学后反思、怎样设计练习与作业以及怎样利用学历案开展教学。根据我们的研究经验，这些内容对帮助教师真正理解学历案，开发、使用好学历案具有十分重要的意义。

第三部分，“普通高中各学科学历案精选”。学历案的诞生，犹如经历了一场“破茧成蝶”的探究历程。从上位的理论构思，到形成一个个具有实践价值的成熟案例，我们在崔允漷教授团队强有力的指导和支持下，从无到有，从少到多，从粗到精，克服了重重困难，创造出了一种课堂教学变革的新范式。这部分内容是本书的精华，凝聚了广大一线教师的实践智慧，代表了我们的知识创新。书中所选的 11 个案例，来自高中阶段 11 个不同的学科，每个案例都具有一定的代表性，而且都经历过课堂实践的检验，具有较好的普适性和可操作性，可为感兴趣的同仁提供参考和借鉴。

当我们即将完成这本书的时候，脑子里还在不断地追问自己这样一个问题：这是一本普通的教案集吗？当然不是！在研究和写作的整个过程中，我们始终都关注一件事：如何改变学生的学习经历。我们所提供的每一份学历案都拥有与教案不一样的要素与结构，都蕴含着特有的教学理念与实践智慧，都对学生如何习得、悟得知识有别具匠心的设计，都设计了与学习目标相匹配的评价任务来获取学生学习结果的证据。正因为有了以上种种不同，学历案将学习经历从课前、课中延续到课后，从个人尝试、合作学习到自我评价、学后反思，从专注倾听、动手操作到教授他人，体现了全过程、全方位、多形式的经历创设。我们坚信，有了这样的改变，一定会将学生的学习带入一种全新的境界。

最后，在本书正式出版之际，我要感谢研究团队的全体成员为此付出的巨大努力，没有他们的各司其职与精诚合作，我们不可能如此高质量地完成研究任务！感谢合作研究团队崔允漷教授、周文叶副教授、肖思汉博士等专家及研究生们对我们的悉心指导！是专家们的专业引领与技术支持，让我们一次次明确方向、攻克难关。感谢江苏省南京一中、浙江省瑞安中学以及河南省郑州九中、郑州五中、郑州回民中学的同行对我们研究的关心、支持和鼓励！感谢华东师范大学出版社为本书的出版提供机会，使我们的研究成果能够与更多的同仁分享！

当然，由于我们的学术水平和写作时间有限，书中难免有错谬之处，恳请各位读者不吝批评指正。愿借广大读者的慧眼，发现书中的问题与不足，与我们共同探索教学变革和创新的新理念、新思路和新策略。

卢　明
2016 年 6 月于海盐

第一部分 学历案的学理与实践

导 读

黑夜给了我黑色的眼睛,我却用它来寻找光明。在教育教学探索的暗夜行程中,我们渴望有一束阳光来照亮前路、点燃希望,使生命蓬勃,让众生雀跃。教育无止境,探索无穷期,教育的理想是为了理想的教育——用知识与智慧的力量改变人生。当我们多少代人津津乐道于以传统的课堂模式批量式生产高分能手的时候,学生除了会考试还会什么?学习的本质是使生命快乐,但当学习沦为一次次为了达到功利性目的的考试,繁复、累赘、机械、乏味是学生们的不二之感。知、智、慧,具有实践性,需要积累,更需要经历。没有经历的学习,难以将习得的知识内化为学生的内在发展驱动,它们多半就会湮没于时光的洪流之中——学了,淡了,忘了……那学与不学又有什么区别?授人以鱼,不如授人以渔,唯有提升学习力才能让学生终身受益。

我们一直在思考,一直在探索。

也正因为如此,我们便与学历案有了美丽的邂逅……

那是在阳春三月的华东师范大学,我们久慕崔允漷教授之名专程来拜访求教。作为我国课程研究的顶尖专家,崔教授和我们娓娓而谈,从当今中国教育改革的困难到世界教育发展的趋势,从课程与教学的关系到学生学习方式的转变,不仅让我们看到了一道奇异的风景,更让我们找到了教育问题的症结所在。如何区分真学习与假学习,如何关注学习过程与学习的增值,如何理解学历案与课堂变革的关系……崔教授用他智慧与前瞻的专业思考,引领我们将探索的方向聚焦于学历案上。

于是,在元高,关于学历案,我们的故事有了令人期待的开始,求索的征帆也已悄然扬起、准备就绪……

结果,一切皆有可能!

01 教案的革命：学历案的由来

崔允漷

教案，诞生于17世纪欧洲普及教育背景下班级授课制时期，至今已近400年了。然而，对教师而言，教案恰似“熟悉的陌生人”。熟悉，是因为天天与之打交道；陌生，是因为还没搞清楚教案是怎么回事儿——教师为什么要写教案？什么样的教案才能促进学生学习？怎样呈现教案才算得上专业？当然，这不能责怪教师，说到底还是我们对教学专业的理解停留在经验水平而非专业水准。这里，笔者希冀通过诠释“教师即专业人员”的深刻内涵，从专业的视角探讨教案的变革，进而改变教师的专业实践，以最大可能地实现课堂情境中的“在学习”、“真学习”。

一、学与教之关系：专业的视角

要是把“教师”称作职业人员，是不会有人质疑的。因为教师承担着一种社会分工，享有一份劳动报酬。要是说“教师”是专业人员，却始终有质疑的声音。专业人员的实践活动理应受到非专业人员的尊重：几乎没有人会对医师的治疗指手画脚，绝大多数人也不会在设计师面前班门弄斧。而教师的“教学”却总会被评头论足、说来道去。尽管早在1966年，国际劳工组织和联合国教科文组织在“教师地位问题政府间特别会议”上就发表了《关于教师地位的建议》一文，承认了教师的专业地位，尽管此后许多政府文件也都明文规定“把教学工作看作是一种专业”，然而质疑声却并未有所减少。面对如此窘境，每一位教育人不得不思考教学专业的边界与品质问题。

要廓清教学专业的边界，必须先澄清教育是如何发生的。教育是人类的理性行动，是人有目的、有计划地影响人的活动。然而，就学校教育而言，“影响人”这一表述过于抽象与宽泛，没有揭示出教学的内涵与本质，因此难以称之为一个学术概念。如果探讨仅停留在此，我们无法确定教育是否发生，进而无法确定教师是否发挥作用，当然也就无法确定教师的教学是否专业。

所幸的是，现代学习科学的迅猛发展为我们解开了“学习之谜”，为我们正确认识教学专业提供了知识基础。学习科学告诉我们，学习的本质是经验在深度或广度上的持续变化，即个体在原有经验的基础上通过自主建构或社会建构形成新经验的过程。现代学习观就是人们用他们已知和相信的知识去建构新知识和对新知识的理解。[①] 学习科学还告诉我们，学习是与生俱来的，人天生就是爱学习且会学习的。儿童作为主体，完全可以自主发生学习。那么，为什么还需要教师？教师作为教学专业人员，其存在是为了帮助儿童在新旧经验之间发生更融洽的顺应与同化，即发生更好的学习。所谓“更好”，意指至少要比儿童完全自主的学习学得更快、更多、更有意义，而且在教师的帮助下，儿童更想学、更会学。因此，教学专业的领地就在于教师如何帮助儿童把旧的经验建构成新的经验，帮助儿童从经验的此岸过渡到经验的彼岸。如图 1-1 所示，就学校教育而言，学习就是学生经验和知识的变化，这种变化的实现有赖于经历一种有指导的学习过程；教学是教师的专业实践，这种专业性体现在通过专业方案的设计、实施与评估，以规范或指导学生的学习过程，即促进学生的学习。此图还可以清楚地解释学与教之关系：学主教从——从行为者的主次地位来看，学生的学习是儿童的

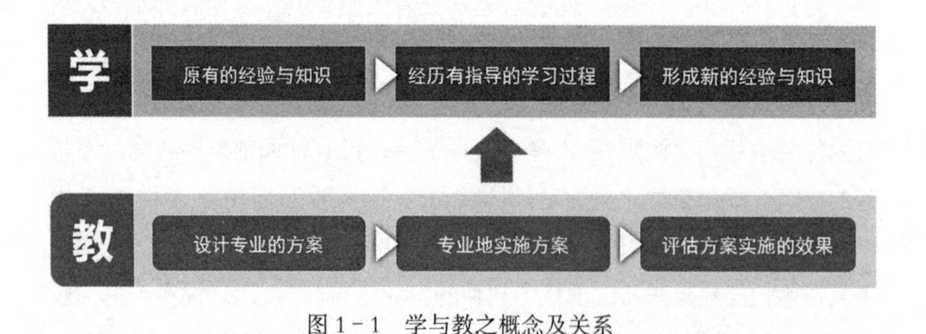

图 1-1　学与教之概念及关系

① [美]布兰福特，等. 人是如何学习的：大脑、心理、经验及学校[M]. 程可拉，等，译. 上海：华东师范大学出版社，2013：9.

基本权利[①],永远是第一位的,教师的教学是服务于学生的学习的;先学后教——从行为发生学的角度来看,教是以学为基础或前提的,没有学习,则无须教学,犹如"没有买,何需卖";以学定教——从行为的专业性来看,教师所作出的任何教学决策都是以学为依据的,是基于学情的,不是随意的。换言之,如果不能让儿童发生更好的学习,"术业有专攻"的教师就没有存在的必要,也没有专业的意义。这一认识让我们明白了教学专业的全部作用就是引起学习、维持学习与促进学习,也让我们了解了教师的角色是学习的促进者——通过促进儿童更好地学习来实现自身的专业发展。

厘清了教学专业的领地之后,我们再来思考何为专业的教学实践。要理解专业的实践活动,关键是先要理解何为"专业"。专业即服务他人,具有公共性的伦理,不是为己养家糊口,它有别于职业;专业即有入门资格,需要有专门性的知能准备,它有别于业余。专业即精湛技术,需要反思性的行动与改善的行动,它有别于外行。只有具有这些品质的实践,才称得上"专业"的实践。治疗、建筑、诉讼、护理等公认的专业实践便是例证。就具体的专业实践过程来看,称得上"专业"的实践一般包括三个环节:专业方案的拟订、方案实施与结果评估。任何一项实践活动专业与否的标志首先是专业方案的有无。驾驶、烹饪是职业,其实践活动之前无需制订专门的方案,而治疗、建筑等实践活动却需要有专门的方案:治疗的方案叫处方,建筑的方案叫图纸。判定某项实践活动专业化程度的依据首先是方案的专业化,因为预设的方案决定着后续的实施与评价。一个人要从事某项专业活动,如果没有好的专业方案,即使实施得再好,也不是专业人员,顶多算个"民间艺人"。

可见,专业方案是专业实践的第一步,它标志着实践活动的专业水平,也决定着专业实践的品质。正如医师的治疗活动需要基于患者病症的治疗处方,建筑师的设计活动需要基于客户需求的设计图纸,教师的教学活动也需要基于学生学情的教学方案。

那么,教学实践的专业方案有哪些呢?从学校教育体系来看,学生的学习阶段大多从小学到初中再到高中;从某一学段的学习来看,往往是从一课时到一学期(学年)再到一个学段。因此,课时需要方案,学期(学年)需要方

---

① 联合国《儿童权利公约》规定儿童享有四大权利:生存权、发展权、受保护权以及参与权。学习权是儿童四大权利的具体体现和实现方式。

案,学段也需要方案。这样,在学校层面,从宏观到微观,教学专业的方案可以分为三层。

第一层是学校课程规划方案。即某小学/初中/高中对全校学生在该阶段要学习的全部课程进行的整体规划。该方案的编制以教育部或上级教育行政部门颁布的《义务教育课程设置方案》或《普通高中课程设置方案》为基础,结合学校教育哲学及可获得的教育资源等因素。学校课程规划方案具有长远性、全局性、战略性、方向性、概括性和鼓动性。它是三级课程管理政策背景下学校一级课程管理的重要标志,也是学校课程领导力的具体体现。校长是其第一责任人。

第二层是学期或学年课程纲要。即教师对学生在某一学期或学年所要学习的某门课程(包括国家课程和校本课程)的目标、内容、实施与评价进行的整体设计。就国家课程而言,教师必须依据学科课程标准、学情与教材,一致性地设计本学期或学年某门课程的目标、内容、实施与评价,以规范并指导学生的学习和自己的教学。就校本课程而言,教师必须依据学校教育哲学,在评估学生的课程需求与可获得的课程资源后,一致性地设计某门校本课程的目标、内容、实施与评价。《课程纲要》有别于《教学进度表》,前者是学校层面课程开发的具体体现,也是教师作为专业人员的重要标志,而后者只是教教材的具体安排,无法体现教师对本班级学生学习的个性化设计。

第三层是单元或主题或课时方案。即教师在开展专业实践之前,依据国家课程标准中的内容标准要求以及对应的《课程纲要》,对某一课时或某几课时、某一知识点、某篇课文、某个单元或主题后续的教学进行的专业设计。

这三层专业方案自上而下逐步分化,自下而上不断整合,充分体现了课程育人的复杂性与一致性。

因此,要提高学校教育质量,首先必须提高教学专业实践水平;要提高教学实践的专业程度,首先必须提高方案的设计水平。限于篇幅,这里仅讨论教案的专业化问题。

二、为何"我教了,你不会":教案的专业化问题

当过教师的人几乎无人不晓:我教了,学生经常不会或不懂。这是常

事，许多教师都有类似的体验。但是现象背后的真正原因，恐怕少有教师会去追问，而大多将此简单地归因为“我教过的，学生不听啊！懒啊！笨啊！”，以至于天天重复着昨天的行为、唠叨着前天的故事。

那么，是什么原因导致这样的后果呢？如何理解从“教了”到“学会”的学理问题？从课堂信息传递来看(如图 1－2 所示)，从教师“教”到学生“学会”，信息必须经过两次转换。其中，从“教”到“学”是信息的第一次转换，从“学”到“学会”是信息的第二次转换。如果只关注信息的第一次转换，而忽视信息的第二次转换，学生一定难以“学会”。相比而言，信息的第二次转换比第一次转换更为复杂，却更为重要。第一次转换是信息的人际转换，即从教师到学生。这种转换在自主学习中同样存在，表现为从文本到学生。第二次转换是信息的自我转换，即学生对信息进行精加工，如学习者将新接收到的信息从短时记忆转换成长时记忆，以便于在需要时易提取；将单个的新学概念同化到原有的概念网中，使之结构化；将两个及以上看似不相关的信息整合在一起，形成新的知识……只有实现了信息的第二次转换，学生才有“学会”的可能。教学，作为完整的专业实践活动，其结束的标志是学生“有没有学会”，绝非教师“有没有教”。

图 1－2　课堂教学信息传递与加工

当然，在全纳教育、追求公平的政策背景下，从现实的班级教学而言，教师难以让每个学生都“学会”，因此，国家给教师设置了底线标准，即国家课程标准。教师只要使一个班级至少三分之二的学生“学会”，就算完成了最低的教学任务。假如目标定位准确，却有超过三分之一的学生“没学会”，我们就可以推论该教师没有达到教学任务的底线标准，其教学也一定不是专业实践。教师的专业实践不是以有没有教完内容来衡量的，而是以教师到底把多少学生“教会”或者说让多少学生明白为标准的。

如此说来，教师的专业责任就是关注信息从传递到加工的完整过程，以帮助学生实现信息的两次转换。通过支持、帮助、引导学生的信息加工，帮助班级中至少三分之二的学生达成目标,至于另三分之一的学生,则留给课中或课后的个别辅导或特别处理。

一般来说,有什么样的教案,就有什么样的课堂教学。教案,作为教师专业实践的预设方案,需要基于上述的专业责任进行设计,必须处理好信息的两次转换。教师不仅要关注自己如何传递或呈现信息(怎样教),更重要的是,要关注如何帮助学生加工或精加工信息(怎样学、何以学会)。

然而,在现实的课堂上,教师的关注大致可以归为三类:一是倾向于关注“怎么教”:教师在信息传递或呈现方式上,会想方设法、绞尽脑汁、费尽心力,丰富“教”的内涵,但不一定能带来好的学习。如某教师在导入时,先让学生观看自制视频,再让学生列表比较两个城市的异同,最后看图讲故事,可谓精彩纷呈。但15分钟的导入,几乎用掉了整节课(40分钟)三分之一的时间,是否真的必要?二是倾向于关注“教或学什么”:课前竭尽所能,在网络上下载了与该课相关的丰富的课程资源;课中用尽视频、音频、PPT、图片、实物投影等十八般电化“武艺”,将一堂讲解课变成“电灌”课。三是倾向于关注学生“是否明白或学会”:将教—学—学会置于“一条线”上思考,以“是否学会”作为思考的出发点,同时作为行动的终点;将教学过程作为监测目标达成的过程,不断镶嵌评价任务以引出、收集学生的评价信息,进而作出进一步的教学决策,以帮助或指导学生实现信息的第二次转换。

以上三类教师的课堂表现,其实背后是三类不同的教案。第一类是关于“怎么教”的方案,这是名副其实的“教”之案。第二类是关于“教或学什么”的方案,这可以叫它“学”之案。不过,与现在人们常说的“学案”或“导学案”稍有区别。这里的“学”案是指教师只关注内容即学什么,不太关注目标或内容呈现方式,也不太关注评价。当前人们谈论更多的那种“学案”或“导学案”大多可以归为“一课一练”,即练习册。第三类是关于学生“何以学会”的方案,即从主题内容与学情的分析中,明确期望学生“学会什么”,进而设计应该教或学什么、怎么教或学,同时思考如何做好课堂中的形成性评价,以便作出下一步的教学决策,最后设计课堂评估或作业评估任务以检测学生目标达成情况。

按此逻辑,“我教了,你不会”的问题也就迎刃而解了。尽管学生“没学会”是一果多因的问题:既有学生方的原因,如学生自身不想学和学不会;也有教师方的缘故,如方案设计不专业或课堂教学不力等。但这里,只讨论教师一方,而且只讨论教师的教案设计专业化问题。我们尝试把上述教案关注的差异称为"立场"的差异。倾向于"怎么教"的教案,可谓"教师立场"——教师只关注自己的呈现与示范方式,不太关注学生是否学会。典型例子是,在教学环节的设计中,所有环节的主语都是教师,如"创设情境"、"呈现 PPT"、"指导学生探究"等。正如《国际教育词典》对教案(lesson plan)的界定:一堂课需要安排的要点的提纲,以便于教师把这些要点呈现给学生。① 倾向于"教什么"或"学什么"的教案,可谓"内容立场"——教师只关注自己找到了什么资源,只关注通过多种途径寻找"教科书中没有的资源",而不太关注目标,也不太关注内容是否适当、学生是否有兴趣、与目标达成有何关系等。典型例子是,"阅读教材或 PPT"、"观看视频"、"认真听录音"、"完成练习"、"结合阅读材料"等。倾向于"何以学会"的方案,可谓"学生立场"——整个教学过程的设计都围绕或聚焦学生"何以学会",从"期望学会什么"出发,设计"何以学会"的完整学习历程,配合指向目标监测的形成性评价,确保至少三分之二的学生学会。从某种程度上说,"我教了,你不会"可能是因为教案的立场出了问题,教师立场或内容立场就会导致如此的结果。试想,教师在设计教案时,根本没有想到学生"何以学会"上,结果学生怎么能"学会"?!

三、教案的革命:学生立场的学历案

综上所述,课堂教学实践缺失专业首先是因为教案缺失专业。其实,这就是"思路决定出路,观念决定行动"的一种例证。俗话说,只怕想不到,不怕做不到。如果换句话来表达,"连想都想不到,谈何做得到?"同理,课堂教学要想"做得专业",首先要"想得专业",即要让教案变得专业。教案的专业之路就是摒弃教师立场、内容立场,选择学生立场,坚持以学习为中心的教案设计理念。

2014 年秋起,我们与浙江元济高级中学、江苏省南京一中等一线教育同仁保持持续对话、不断尝试与总结,在探索学历案——一种新型的教案方

---

① Page, G. T., Thomas, J. B., & Marshall, A. R.. International dictionary of education [M]. London: Kogan Page Limited, 1979: 204.

面积累了一定经验。在此,将经验与诸位分享,以求开辟我国中小学课程设计领域新的地平线。

所谓学历案,顾名思义,是关于学习经历或过程的方案。抱歉的是,我们杜撰了一个新词,因为我们实在找不到不杜撰的理由。本来想用“学案”,但学案在教育圈子中已有约定俗成的理解,且这种理解与我们想表达的意思迥异;也想过用“导学案”,但从字面上看,导学案的立场还是教师立场,与我们想倡导的“学生立场”相悖的。于是,就想到了治疗专业有一种方案叫病历(case history),即医务人员对患者疾病的发生、发展以及转归进行检查、诊断、治疗等医疗活动过程的记录,也是对采集到的资料加以归纳、整理、综合分析,并按规定的格式和要求书写的患者医疗健康档案。鉴于治疗与教学两个专业的相似性,我们灵感乍现,遂有“学历案”一词。

何为学历案?学历案是指教师在班级教学背景下,围绕一个具体的学习单位(主题、课文或单元),从期望“学会什么”出发,设计并展示“学生何以学会”的过程,以便于学生自主建构或社会建构经验或知识的专业方案。它是由教师设计的、用于规范或引导学生学习的文本,是通向目标达成的脚手架。学历案记录着每一个学生学习过程中的表现,因此是一种学习的认知地图,是可重复使用的学习档案,是师生、生生、师师互动的载体,也是学业质量监测的依据。由于单元或主题或课文是最小的学习单位,是课程的“细胞”,因此,学历案也可称之为“微课程”。

教案的变革为何需要学生立场或课程视角?这要从教育思维与课程思维的差异上去思考。教育依赖于“理想的思辨”,关注作为理想的目的,涉及以“为什么教”为统领的“教什么”、“怎么教”的问题,而课程则源自“科学的方法”,如“科学的调查研究”、“投票或民意调查”,倡导基于证据的推理,涉及以“期望学生学会什么”为统领的目标、内容、实施与评价的一致性问题。[①] 教案的教师立场与内容立场从根本上说是教育思维的产物,如以前的教案主要包括教学目的、重点难点、导入新课、复习旧知识、讲授新知识、巩固新知识、布置作业等。反之,课程因对儿童学习过程的设计而成为一个独立的研究领域,因建构了目标、内容、实施与评价的一致性而有了自己的理论。

---

① 崔允漷.追问“学生学会了什么”——兼论三维目标[J].教育研究,2013(7):98-104.

一言以概，课程的视角其实质就是学生立场的视角。课程思维会把一般性的目的作为前提，但很少讨论目的。通常，它会直接从目标出发，选择与组织有利于实现目标的内容，采用目标导向的教学，进行基于目标的评价。特别是自20世纪80年代以来，世界各国推行基于标准的教育改革，强调效率、倡导问责，开展大规模的学业质量监测，学校教育进入了课程与学习时代，到处倡导以核心素养为目标、以促进学习为核心、以通过大规模测试评估学业成就为导向，深入推进课程改革。学历案，作为学生立场的课程方案变革，就是在这样的背景下诞生的。

研究表明，许多教学设计模式都涉及四个要素：一是对情境、教材和学习者水平的分析；二是以某种方式组织目标、范围和序列；三是对教学传递的规定；四是形成性和终结性评价的手段。① 学历案从课程的视角，整合了上述的要素，经过三轮的课堂实践与修订，已经形成了一种创新的、可行的框架。一份完整的学历案需要包括学习主题与课时、学习目标、评价任务、学习过程(资源与建议、课前预习、课中学习)、检测与作业、学后反思等6个要素。每个要素涉及什么关键问题，以及如何回答这些问题的技术要点，详见表1-1。

表1-1 学历案的要素、关键问题与回答提示

要素与关键问题	回答提示
1. 主题与课时 在多少时间内学习什么?	1.1 内容：课文或主题或单元；来自何处？知识地位？ 1.2 时间：依据目标、教材、学情确定该内容的学习时间，如1—6课时。
2. 学习目标 我清楚要学会什么?	2.1 依据：课程标准、教材、学情、资源等。 2.2 目标：3—5条；可观察、可测评；指向学科核心素养；相互之间有关联； 三维叙写；可分解成具体任务或指标；至少三分之二的学生能达成。
3. 评价任务 我何以知道是否学会?	3.1 依据：视目标的数量、难度、关联、种类以及学情确定评价任务的数量与安排。 3.2 要求：包括情境、知识点、任务；能引出学生目标达成的表现证据。

① Breault, D. A.. Instructional design [C]//Kridel, C. (ed.). Encyclopedia of curriculum studies. California: SAGE Publications, Inc., 2010: 481.

（续表）

要素与关键问题	回 答 提 示
4. 学习过程 我如何分小步子学会？	4.1 资源与建议：达成目标的资源、路径、前备知识提示。 4.2 课前预习：定时间，有任务。 4.3 课中学习：呈现学习进阶（递进或拓展）；嵌入评价任务；体现学生建构或社会建构的真实学习过程。
5. 检测与作业 如何检测或巩固已学会的东西？	5.1 要求：包括课前、课中与课后作业，整体设计作业；数量适中；功能指向明确；体现知识的情境化（学以致用）。 5.2 功能：检测；巩固；提高。
6. 学后反思 我可以反思与分享什么？	6.1 要求：引导学生梳理已学知识、梳理学习策略，管理与分享自己的知识。 6.2 求助：诊断自身问题，报告求助信息，便于获得支持。

上述6个要素体现了以一个主题的学习为单位，以“何以学会”为中心，以形成性评价为导向，分解目标达成的过程，为学生的自主或有指导的学习提供了清晰的脚手架。如图1－3所示。

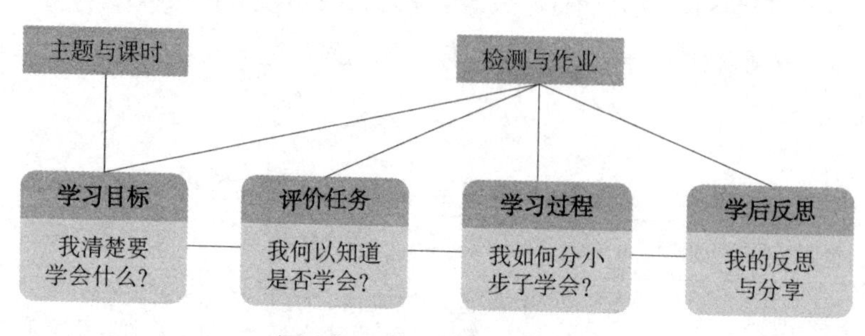

图1－3 学历案要素与结构

诚然，理想的课堂教学专业实践不仅需要理想的方案设计，更需要理想的方案实施与评价。基于学历案的教学在课堂教学中的形态至少有以下四种：

Ⅰ型（对话型）：自学学历案＋提出问题＋课堂对话与协商

Ⅱ型（合作型）：小组分工合作完成任务＋交流与分享＋教师点评或提炼

Ⅲ型（指导型）：教师依据学历案导学＋个体或小组练习＋教师过程指导

Ⅳ型（自主型）：教师呈现结果标准＋学生自我指导学习＋学生自评或互评

事实上，上述四种课型只是为初学者或新手教师提供的一种参照，是一种理论形态。有经验的教师总是会根据情境、目标、学情、资源、自身特长等因素创新课堂教学形态，寻找可能的“更好”。模式对于理论来说是需要的，但执行模式的人不能将它模式化、僵化。换言之，导致模式化的原因不是模式本身，而是执行模式的人。

我们的初衷是通过方案的变革解决课堂教学中普遍存在的“虚假学习”、“游离学习”问题，在最大程度上实现课堂情境中的“真学习”、“在学习”。持续三年的探索，虽然在不同的学校均取得了一定的成就，但说句实话：我们仍在路上……

02 学历案在元济高中的探索

卢　明

早在20世纪90年代，“核心素养”就成为全球范围内教育政策、教育实践、教育研究领域的重要议题，许多国际组织以及国家和地区相继构建起核心素养框架。随着信息化时代的到来，“一朝学成受益终生”的情况俨然已成为历史，“智本”将超越“资本”成为第一生产要素。以知识与信息的主动且高效地获取、整合、转化、创新能力为主要特征的学习力，被正式列为21世纪核心素养框架的主要内容，学习力也将成为未来国家、社会和个人的核心竞争力。

然而，虽然我国普通高中课程改革已经过了近十年之久，但是核心素养、学习力的问题还是没有引起广大校长和一线教师的足够重视，普通高中教育所表现出的短视、肤浅、功利和异化现象仍然十分普遍。由于错综复杂的原因，学校育人的主阵地——“课堂”与新课改以前相比变化不大，说得严重一点就是“涛声依旧”。

一、变革的起源

（一）高中课堂教学的现状

高中，作为基础教育的“最后一公里”，是孩子圆梦大学的“独木桥”，这一点至少在当下的中国基本还无法改变。所以，普通高中的课程改革即便在做，也都是小心翼翼、如履薄冰。我任元济高中校长已有十七个年头了，十七年来，我从未脱离过教学一线，还因工作之需，考察过上百所省内外的高中学校,有很多还是当地的“名校”,分布于经济发达程度不同的地区,所见所闻,知之甚多。对于高中教育的现状,我可以说是了如指掌。目前,高中教育普遍存在的突出问题主要有:

1. 教书只“育分”不“育人”的问题依然非常突出

这里讲只“育分”不“育人”,不是说教师不重视学生德育,而是指教师作为育人的专业人员,却不知道学科教学“育人”的专业领地究竟在哪里。在沉重的高考压力下,教师更倾向于当前利益和高考成就,轻视学生的长远利益和学习力的发展。表现为:从目标上看,只重知识,忽视过程与方法,更忽视意义与价值的习得。从内容上看,局限于教材与习题,忽视与学生经验、社会生活的链接,使知识成为一座“孤岛”。从实施上看,“教师只关注教什么、怎么教、有没有教,而没有很好地去思考‘学生真的在学习吗?’、‘学生到底学会了什么,没有学会什么?’”①学生的主体地位和成长需求没有得到尊重,他们需要面对的是无止境的加班加点,机械训练,题海战术。从评价上看,评价方式单一,重结果、轻过程,重分数、轻素养,“一看就会、一做就对”的机械训练结果仍被不少教师视为一种教育的“成功”,教育的价值观被严重扭曲。

2. 课堂像“教堂”不是“学堂”的现象依然司空见惯

小学生的课堂活泼、灵动,可是,“进入高中,我们总会发现学生经常‘集体无语’,教师‘言不由衷’地在说教,师生似乎成了无法产生回波关系的‘桶杯’,肃穆的背后就是沉默的荒凉。”②为什么会这样? 这是九年学校教育养成的“习惯”。长期以来,教师提问,学生应答,教师追求的是“标准答案”,学生的思考是“猜”“标准答案”,一旦回答偏离了“标准答案”,就会被判“错”,而“错”了自己会觉得“没面子”,别人会觉得学生“没水平”,教师也无意要去改变这种“看法”。久而久之,当学生“猜”不到“标准答案”时,就不敢表达自己的观点,习惯性地会选择“无语”。于是,“先生只管教,学生只管受教”③这种陶行知先生在20世纪初就批评过的现象,居然还是今日高中生学习的一种常态。

---

① 崔允漷.追问“学生学会了什么”——兼论三维目标[J].教育研究,2013(7):98.
② 崔允漷.执著追求教育的真谛[N].教育信息报,2009-3-14.
③ 方严.陶行知教育论文选辑[M].上海:上海三联书店,1947:10.

3. 教学凭“经验”而忽视“标准”的情况依然十分普遍

普通高中新课程改革以来，虽然对教师进行过国家“课标”的培训，但是效果并不理想。一线教师的日常教学中，对国家“课标”、教学目标普遍不够重视，习惯于凭经验、“拍脑袋”做事。一些“课标”已经明确不作要求的内容，教师在课堂里还讲得眉飞色舞，甚至还在用它来检测学生。再说备课，除了公开课的教案，日常备课有多少教师在仔细研读国家“课标”？又有多少教师在认真叙写“三维目标”？很少！我经常担任省、市教师高级职称、名师学科带头人的评委，从参评对象的教案或说课稿中发现，许多老师“三维目标”叙述不准确，甚至根本不按“三维”要求来表述。这些层次的教师是这样，其他教师的情况可想而知。叙写教学目标是教师的一种专业行为，也是基本的专业素养。试想，教师如果连目标都写不清楚，怎么能够让自己作为一个“明白人”走进课堂？而自己都未曾“明白”，又怎么能让学生学得“明白”？教学质量与学习力的培养又何以保证?!

面对上述高中教育的真实场景，教育界的一些有识之士曾纷纷感言：教育不能把一个“笨”的学生教“聪明”，却能将一个“聪明”的学生教“笨”！对此，我深有同感！

（二）曾经做过的教改尝试

2006年，我在自己学校里发起过一场以“对话教学”为内涵的课堂教学改革，希望通过改革，让我们的课堂能少一点“教”，多一点“学”，让教师从“只顾教”转向“多关注学”。其中一项硬性指标是：每节课教师个别提问学生的次数累计不得少于七次。有老师问我：“校长要求我们这样做的依据是什么?”我没有正面回答，但我告诉教师：“假如你认为学生的知识是老师教会的，那么你班上的学生的成绩应该是一样的，除非你厚此薄彼。想想你班上学生的成绩差异，再去体会一下苏格拉底的‘产婆术’。”古希腊哲学家苏格拉底有一句名言：“不授人以知识，而做使知识自己产生的产婆。”苏格拉底很喜欢通过疑问对话的方式“逼迫”别人思考，从而开悟，其核心思想用现代语言来诠释就是通过师生对话，来激发和引导学生自己去寻求正确答案和人生真谛，从而获得智慧的成长。我又说：“教学不像吹气球，你吹多少，它胀多少，当你自己真正意识到自己经常是在‘白忙活’的时候，你就会觉得其实自己真的没有必要‘独白’那么多。”我不知道我的回答是否能让教师满意。也许是出于对我这个老校长、特级教师权威的尊重，还是有许多老师能积极响应，有的还专门立了课题。“对话教学”搞了六七年，我们的课堂的确有了变化，但是，我总觉得还很不够。“教了”等于“学了”，“学了”等于“学会了”的旧观念还没有得到彻底扭转，我们还需努力。

（三）对出路的思考

2012 年，浙江省推进深化普通高中课程改革，进一步明确了新时期普通高中的教育定位，强调学校要为学生的未来发展做准备，而不能只限于应对高考。高中教育既要加强培养合格公民的共同基础，又要满足不同发展方向、不同学习基础的学生多样化的学习需求，促进每个学生全面而富有个性地发展，并将提升学生学习力作为课程改革的一项战略任务提到了前所未有的高度。

我们对“学习力”组织了专题讨论，认识到缺乏学习力的人，其知识和能力是不成正比的，他们的学习意识、问题意识、应用意识比较淡薄，适应性、胜任力比较差。相反，一个人只要有了学习力，不仅能够比别人学得多、学得快，还能够活学活用，学以致用；一个人只要有了学习力，他在习得知识的同时，能够增长智慧、提升素养，使学习的意义增值；一个人只要有了学习力，他就有了终身学习的动力和能力，永远不会被时代所淘汰。

那么，何以提升学生的学习力呢？路径有两条：一是课程，二是课堂。值得注意的是，有了理想的课程只是打通了提升学习力的一条路径。如果课堂这条路径不打通，理想的课程在达到学生层面的时候难以做到依然理想，学生的学习力也不可能获得提升。于是，我们将目光聚焦到了课堂。课堂变革要做些什么呢？实现课堂变革的路径又是什么呢？

2013 年 4 月的一天，我们带着诸多疑问与困惑，到华东师范大学课程与教学研究所向崔允漷教授求助。“学历案，你们可以尝试一下。”崔教授向我们介绍了他最新的研究成果——学历案。他指出，当下的高中生，长期在教师所谓“精细化”的雕琢培养下，习惯了教师“喂食”式的教学，习惯了在教师的呵护下成长，学习没有自己的主张，将“上课”变成了“听课”，学习方式重记忆、轻思维，重视听、轻表现，重模仿、轻创造。课堂内假学习（学习的过程与方法不正确)、虚学习(没有过程的学习)、疑似学习(心不在焉)的现象还很普遍。这样的教学必然会导致学生学习力的低下。他认为,教育要提升学生学习力,要从改变学生的学习经历做起。出于彼此间的共鸣与共识,学历案立即作为“课堂变革——促进学生学习力提升”工程的一个实践研究项目被引入元济高中。

二、学历案:课堂变革的“抓手”

(一)学习经历对学习效果和学习力的影响

“教书”不等于“育人”。学科教学如何育人?这个问题值得大家思考。美国学者爱德加·戴尔(Edgar Dale)在1946年发现并提出了“学习金字塔”(Cone of Learning)模型:不同的学习方法达到的学习效果不同,以两周为单位测试学生对知识的保持率,从10%—90%不等。[①] “学习金字塔”模型揭示了学习经历与学习效果之间的关系,说明变被动学习为主动学习,丰富学习经历,调动多种感官综合运用于学习过程,可以提高学习效率。而在学习过程中能够善于调动多感官参与学习,就是一个人学习力发展的重要表现。

美国教育学家L·迪·芬克第一个提出了“教学应为学生创造有意义的学习经历”的教学观。在L·迪·芬克看来,学习是需要过程的。“有意义的学习经历”是指在一种具有强大影响力的学习经历中,学生会充满兴趣地投入到学习中去,随之而来的是高度的活力,整个学习过程将让学生学到更多的有意义的东西。而这一学习经历还将以一种主要的方式给他们的生活带来影响。[②] 概括L·迪·芬克的观点,“有意义的学习经历”的即时效应能够促进学生主动学习,并使学习效率大增;其长远效应能够增强学生的学习力,让学生终生受益。

学科教学能否育人,关键在于让学生经历正确的“过程与方法”来获得必要的“知识与技能”。[③] 通过正确的学习经历来实现意义的习得,便是教师

---

① Dale, E.. Audiovisual methods in teaching (3rd ed.) [M]. New York: Holt, Rinehart and Winston, Inc., 1969.

② [美]L·迪·芬克.创造有意义的学习经历[M].胡美馨,刘颖,译.杭州:浙江大学出版社,2006:16-18.

③ 崔允漷.追问“学生学会了什么”——兼论三维目标[J].教育研究,2013(7):101.

教书育人的专业领地。

综上所述，不难悟出课堂变革应该做什么——不仅要关注学什么，还要关注怎么学，何以学会；不仅要关注学习结果，更要关注学习过程，让学生以正确的方式、正确的过程进入“在学习”状态，实现“真学习”。也许，这就是我们要寻找的课堂变革的家，也是提升学生学习力的有效途径。

（二）“学历案”的概念

“学历案”的概念最早是由华东师范大学崔允漷教授提出的。何为学历案？顾名思义，学历案的“历”字就是“学习经历或过程”的意思。因此，“学历案”是指教师在班级教学情景下，围绕某一具体的学习单位（主题、课文或单元），从期望“学会什么”出发，设计并展示“学生何以学会”的过程，以便学生自主建构或社会建构起经验或知识的专业方案。它是教师设计的、规范或引导学生学习用的文本，是学生通向目标达成的脚手架；它是一种学校课程计划、学习的认知地图、可重复使用的学习档案，是师生、生生、师师互动的载体，也是学业质量监测的依据。[①]

根据指向意义形成的“三阶目标”理论，让教师认识到知识与技能目标只是学生意义形成的“载体”或“入门”，不同的过程与方法会导致不同的意义。[②] 学历案期望通过对教案的革命，使教学“方案”更加专业化，让学生经历正确的“过程与方法”，从而获得值得学习的“知识与技能”，最终实现学习的意义。

（三）引进学历案是一种着眼未来的明智选择

教育是一种“慢”的艺术，其效果往往是后显的。所以，做教育不能太功利，要有一种“板凳要坐十年冷，育人要看十年后”的胸怀和定力；要有立足当前，着眼未来的智慧和勇气。尝试课堂变革，促进学生学习，发展学生学习力，造就符合时代需求的人才，这项工作不可能立竿见影，但我们坚信，这就是我们对未来的一种重要贡献。既然我们已经懂得了学习经历的意义和价值，并且，我们也认可学历案是一种突出学生学习过程与学习经历的专业

---

① 崔允漷.学历案：学生立场的教案变革[N].中国教育报，2016-6-9.
② 崔允漷.追问“学生学会了什么”——兼论三维目标[J].教育研究，2013(7)：101.

方案,那么,它就是我们一直在苦苦寻觅的良方。以学历案作为实现课堂变革的抓手与载体,这无疑是一种明智而自然的选择。

三、“破茧成蝶”:学历案的探索经历

学历案研究前后经历了理论学习、尝试编写、课堂实践、实证检验和修改完善五个阶段,每个阶段都有需要攻克的难题和任务。

(一)理论学习阶段

2013 年 9 月至 10 月,学校聘请专家对教师进行理论培训。

我们依托专家报告,重点讨论了关于学历案的一个个关键问题。比如,学习是什么,何为主动学习,教学为什么,学历案是什么,其立论依据是什么,有哪些构成要素,等等。

学历案关于学习的基本观点是:学习是学生亲力亲为的事情,别人无法替代;教师的作用在于引起学习、维持学习与和促进学习;同样的学习任务,不同的学生经历着不同的学习;增加学习任务的选择性是解决学生“吃不饱”与“吃不了”的个体差异的有效策略。

学历案所指的学习经历主要是做中学、说中学、悟中学和教中学(教授他人),即为学生提供“习得”和“悟得”的机会,创设合作、分享、互助的机制等。

经过学习和培训,老师逐渐转变了观念,理解了学历案的意义和价值,慢慢地接受了学历案,并愿意以学历案为伴,去尝试改变自己的课堂。

(二)尝试编写阶段

2013 年 11 月至 2014 年 3 月,老师们尝试编写学历案。

这是一个最痛苦、最折磨人的阶段,因为它要经历从无到有的思考,要有穿越“暗箱”的创造。长期习惯于写教案,一下子转到学历案,大家都感觉到不适应。尽管经过了理论培训,但是,老师们的头脑里只有一个学历案的概念和大致框架,既没有见过学历案究竟长什么样,也没有可以参考的样例。老师们的探索好像一艘在没有航标灯、也看不到岸的大海上航行的小

船，茫然没有方向。而且由于长期习惯性思维的影响，哪怕老师们绞尽脑汁地琢磨思考，写出来的学历案还是脱不了教案的影子，于是，这些尝试都被否定了。

看来，要想顺利闯过这一关，还真不容易，需要有足够的信心、决心和恒心！

我们停下笔来，再次琢磨，怎样才能写好学历案呢？

大家一致认为最关键的是先要厘清学历案跟教案、学案的区别在哪里，如果这个问题不搞清楚，编出来的学历案一定是瞎子点灯——白费蜡。于是，我们通过继续与专家对话，大量查阅资料，开展独立思考和同伴讨论，我们终于悟出了它们之间的区别。

学历案与教案的区别：

第一，立场不同。“教案”是教师立场，采用的是正向设计法，即依据教学内容、课标要求、学情设计教学活动，重点关注教什么、怎么教，体现的是教的逻辑。“学历案”是学生立场，采用的是逆向设计法，即在确定学习目标之后，首先设计评价任务，再来设计教与学的活动，重点关注学什么、何以学会、如何判断是否学会，强调学习内容与学习经历相匹配，学历案比教案更关注学生基于目标的表现，而不是练习的多寡，体现的是学的逻辑。

第二，用户不同。“教案”的用户是教师，故它一般以教师用语来撰写，而且可以省略许多指导语、问题串之类的内容，因为这些内容都印在教师头脑里，课堂上可以随机发挥。“学历案”的用户是学生，使用的语言必须是学生语言，还要符合学生的思维与认知特点，以便学生读得懂。此外，学历案中需要“留白”，供学生学习时记录，留下学生真实的学习痕迹。

第三，要素不同。“教案”的构成要素是以教师的教学行为来组织的，如教学目标、重点难点、教具准备、教学过程、课堂小结、作业布置等。而“学历案”的构成要素是以学生如何学会的过程来组织的，有学习主题/课时、学习目标、评价任务、学习过程、作业与练习、学后反思。

第四，课时不同。“教案”是以课时为单位，一般一个教案为 1 课时。而“学历案”是以学习主题为单位，一个学历案不一定是 1 课时，可以是 1—5 课时不等，它呈现的是学生如何达成一个主题学习目标的整体学习过程。

学历案与学案的区别：

学历案与学案的区别也是显见的。目前看到的“学案”，大多数是像“一课一练”的小练习，即将一节课的教学内容分成几组练习。一般教学流程是：尝试练习——讲评纠错——巩固提高。我见过的做得比较好的“学案”案例，如“三维动态学案”，其基本结构为预读、思悟和自检三个部分。① 但不管怎样，它与学历案的逻辑结构差别还是很大的。

弄清了学历案与教案、学案的区别还不够，还要摸索出写好学历案的技术要领。

那么，这个要领是什么？

第一，要转变立场，即从“教师立场”转为“学生立场”，简单地说，要明白给谁看、为谁写。

第二，要解决两个问题，一是语言；二是逻辑。用什么样的语言学生容易看懂？按照什么样的逻辑叙写学生容易学会？我们经过尝试得出的结论是：用学生语言、按学的逻辑去编写学历案。

做好了以上功课，老师们稍微有了一点底气，然而，问题还是没有想象中那么简单，体例问题是解决了，细节问题还有不少，困难接踵而来。

最大的困难是领悟学历案的每个要素的含义及其撰写要求。学历案的一些要素，如“评价任务”、“资源与建议”、“课中学习”、“学后反思”等，老师们都是头一回遇到，不知道该写什么、怎么写。之所以说“领悟”，是因为那时我们心中没有标准，也没有样例。我们所做的就是在创造标准，制造样例。于是，做中学，悟中学，论中学，在实践中总结，成为我们创作的必由之路。

各学科第一份学历案的出炉，实在来之不易，都要经历无数次的打磨。老师、专家们度过了许多个不眠之夜，每一份学历案的背后都凝聚着他们大量的心血和汗水。教师写，专家改，专家与案主一遍又一遍地对话，积极讨论修改方案。一稿通不过，二稿；二稿通不过，三稿……

“到底有完没完！”老师们开始抱怨，开始怀疑自己的能力。有的老师形容说：“学历案让我们仿佛鸭子在游泳，一个猛子扎下去，浮上来不知道在哪儿了。”正当老师们彷徨、无助时，崔教授发来了一封邮件。

---

① 周斌，饶玉川．学生“学习过程科学化”的实践探究[J]．中国教育学刊，2008(5)：57－60.

感谢各位的辛劳！

看得出一稿比一稿进步。现在看来文科在如何学习和学会什么方面的确难度大一些，也反映了文科学习的效率问题。撰写学历案能否提高学生的学习效率？这本身就是我们要破解的一个难题。

接下来能否这样？

一是根据本人的建议，有些学科再修改。

二是能否设计一个共同的元济高中学历案基本格式，便于统一或展示？也便于推广。包括用语统一，如课堂练习、课外作业、学习目标、评价任务、资源与建议、课前(中)预习、课堂学习、作业与检测。还有标题格式、字体、页面设置、页码……

三是请“用户”提建议。下次讨论，请使用过学历案的学生来参加，听听他们的意见，看看他们需要什么样的与教科书配套的“学法指导”。

四是有了学历案，就不要教案了。给每个学生发一份学历案后，请大家去上课，下次我们去做课堂观察。

五是每个人都要用研究的态度对待，把过程性的材料保管好，做好知识积累，如从第一稿到第四稿，你是怎样变过来的，每次转变内心的冲突是什么，如何解决的，还有哪些冲突，自己是如何走向学生学习的立场的……

请卢校长将此信转发给每一位参与者。也请大家看看其他学科的成果，博采众长！

2014.1.22

崔教授的信犹如一针强心剂。老师们深受感动，再次感受到了专家的热情与专业；老师们深为震撼，没想到专家对自己撰写的“作业”研读得如此认真、仔细；老师们深感敬佩，为的是专家务实、严谨的学术态度和高屋建瓴的点评与指导。从此大家信心倍增，继续笔耕。

为了攻克难关，学校成立了学历案项目攻关小组，让一部分老师先行一步，示范引领，即知即传。经过 4 个多月的艰难探索，各学科比较成熟的第一份学历案终于诞生了。

学历案样例的问世，回应了那些曾经对学历案抱有疑虑的老师和同行的关切。学历案不是“新瓶装旧酒”，也不是我们在玩弄什么概念，是我们在用心创造一种新事物。世界上的事物，都是结构决定功能。为什么眼睛能看得见东西，耳朵能听得见声音？两者的功能不可能互换，也不可能皆有！这是因为结构决定了的。学历案独特的结构决定了它拥有教案、学案所无法比拟的育人功能，这就是学历案的价值。

在尝试编写阶段，我们主要攻克了三大难题：一是角色的转变，如何从“关注教”到“关注学”；二是学历案各要素的撰写技术要领；三是学历案的设计如何贯彻“学—教—评”的一致性。

（三）课堂实践阶段

学历案课堂实践分两轮进行，第一轮为 2014 年 5 月至 6 月，第二轮为 2014 年 10 月至 2015 年 9 月，各学科尝试开展基于学历案的课堂教学，共计开出公开课 122 节。

课堂实践的目的是探索基于学历案的课堂教学范式，让教师适应用学历案怎么教，让学生适应用学历案怎么学。教师方面需要解决三个问题：一是如何调整自己的角色，构建适合学历案教学的课堂文化和活动范式；二是如何贯彻“学—教—评”一致性，让评价作为教学决策的依据；三是如何根据不同特点的学习主题，探索学历案课堂的不同课型。学生方面主要解决的问题是：如何用好学历案中的关键要素和设计路径进行自主学习。

第一轮为尝试阶段，目的是让老师们探一下路，适应一下如何从“教案”走向“学历案”。从实践情况看，主要存在两个问题：一是教师不能正确处理“学习目标”、“资源与建议”这两个要素，有的教师把它们扔下不管了，有的在领着学生朗读，还有的在对它们作讲解。二是教师角色没有转变，教的痕迹很重，体现不出学历案“学”主“教”从的理念。

针对以上问题，专家与老师们一起协商，形成了解决问题的方案：“学习目标”和“资源与建议”两部分内容应该在上课一开始时用 3 分钟左右的时间让学生自学。对于“学习目标”，学生只需有个大致了解；对于“资源与建议”，则要求学生理解，并能按照它所指示的路径去学习。用学历案教，教师必须将自己“先生”的角色转化为“导游”的角色，用导游的工作方式去上课，淡化“教”的痕迹，把教师的作用定位在引起学习、维持学习和促进学习上，而不是系统地讲授知识上。

旧的问题解决了，新的问题又冒出来了。在第二轮的课堂实践中，我们发现在数学、物理等理科科目中，学生使用学历案学习时的表现差异较大，有的学生很快就学完了，有的学生却学得比较慢，跟不上进度。如何兼顾学生的“差”和“异”，成为亟待解决的新的问题。

数学组的 H 老师提出了两条对策：第一，用分层次设置“学习任务”和“评价任务”，解决“差”和“异”的问题；第二，在学生自主学习时，教师加强课堂巡视，关注班级中的样本学生，根据他们的学习状况调控教学进度。以上对策为解决“差”和“异”的问题打开了思路。实践下来我们又发现，以上对策对理科作用比较明显，但对文科意义不大。于是，我们决定，文科是否需要分层可视具体情况自行决定，不搞“一刀切”。

此外，还有一个理论问题需要厘清。学历案中有两类任务，即“学习任务”和“评价任务”。“学习任务”是为了达成目标而设计的一切教与学的活动；“评价任务”则是检测学生有没有达成某一目标或掌握到什么程度的检测项目，两者不可混淆。所以，“学习任务”可以分层，而“评价任务”不可以分层。因为评价任务是基于“目标”的，如果将“评价任务”也分层，就会导致偏离“标准”。程度好的学生可以比别人多学一点，学得深一点，但是，对他们的评价标准不能拔高，应该与其他同学一致。

学生使用学历案，从不适应到适应也有一个过程。开始阶段，学生把学历案当成了普通的讲义，只关注学历案上的练习，忽视过程学习，上课时只顾自己做练习。经过一段时间的磨合，学生慢慢适应了学历案的学习方式。不妨来看一名成绩中等的学生使用学历案后的感受：

数学课一般一个星期只有 1—2 份学历案，用完以后整理、保存比较方便。不会像以前，上完课，什么资料也没留下来。如果要做课堂笔记，又比较花时间，还影响听课效率。以前的作业基本上是《作业本》上的，老师还会穿插着发一些练习卷，作业量比较大，整理错题很费时间，也不系统。有了学历案，作业减少了，而且不用额外花很多时间整理。上课的时候，以前觉得老师提问我的次数不多，很多时候都是在听同学的回答和老师的讲解，用学历案上课后，觉得自己想问题和动手操作的机会变多了，而且觉得同学们思考问题比过去更积极了，课堂交流、讨论也更多了。（16 届 7 班　莹莹）

其实,师生适应学历案教学的过程远远没有上面叙述的那么简单,大都经历了生疏——磨合——熟练三个阶段。尤其是关于“学后反思”的撰写与利用,教师、学生都做了大量的探索,才有了最后的成果。

为了全面、深入了解学历案教学的情况,崔教授率领他的专家团队和研究生多次亲临现场,开展课堂观察,并在课后对课堂观察结果进行专业的分析,写出分析报告,为学历案的使用效果提供科学的诊断。课堂观察结果分析表明,学历案对促进学生学习行为的变化作用是显著的,使用学历案后引起课堂形态的变化也是明显的。

根据课堂观察,专家建议用学历案授课最好能够调整课堂内学生座位的摆放形式,6 人左右一组,将不同层次的学生混编在一个组内,有利于小组成员在学习时发挥“小先生”的作用。

(四)实证检验阶段

时间大约在 2014 年 10 月至 12 月。

实证检验,主要是在课堂实践的基础上,进一步扩大实验范围,验证学历案的实践效果。重点包括两个方面:一是使用学历案以后,学生的学习方式、学业成就有何变化;二是学历案的受欢迎程度。我们以学科为单位,选择一个模块的内容用学历案教学,观察学生的学习状态、学习效果。先后有数学、生物两门学科开展了实验,分别是高二数学“平面解析几何”模块和高二生物“分子与细胞”模块。

为了让实证检验尽量逼近真实,我们确定数学为重点实验组。数学组经过讨论,决定以学生学起来普遍感觉难度较大、每年高考中得分率不太高的“平面解析几何”模块(共 33 课时)做实验。事先我们按要求确定了实验班和对照班,以 H 老师执教的高二(7)班和(12)班为实验班;以 M 老师执教的高二(6)班和(9)班作对照班。其中,(6)班与(7)班都是保送入学的,属于同一个水平层次;(9)班与(12)班都是通过中考后入学的,也属于同一个水平层次。H 老师和 M 老师年龄、专业水平相当,都是教龄 12 年的高级教师。

我们以高一结束时的考试为前测,实验结束时“平面解析几何”模块的单元测试为后测,将实验班和对照班的两次成绩作比对分析,见表 2 - 1。

表 2－1　实验班与对照班测试成绩比较

类别	班级	高一下期末成绩			“平面解析几何”模块成绩		
		合格率	优秀率	平均分	合格率	优秀率	平均分
实验班	(7)班	100%	60%	86.94	95.35%	27.90%	79.49
	(12)班	92.68%	9.76%	75.66	93.18%	6.82%	73.34
对照班	(6)班	97.96%	53.06%	85.04	95.12%	26.83%	79.17
	(9)班	90.48%	28.57%	75.43	83.72%	16.28%	70.07

数据表明，两次测验对比，实验班(7)班、对照班(6)班和(9)班的合格率、优秀率、平均分都有不同程度的下降，这是由于解析几何的内容难度大于高一所学内容所致。只有实验班(12)班的合格率能维持原来水平，优秀率、平均分的下降幅度也较其他三个班级小。从(7)班和(6)班两次测验成绩对比看，实验班没有显示出优势，但也没有体现出劣势；从(12)班和(9)班两次测验成绩对比看，实验班的优势是存在的，(12)班的合格率和平均分显著高于(9)班($P<0.05$)。说明学历案在基础中等的学生学习难度较大的内容时存在明显优势。

由于实验时间较短，学历案的各方面优势还不一定能够全部显现出来，但有一点可以相信，即便是实验初期，使用学历案对学生的学习也不会产生负面影响。

为了更加全面、深入地了解学历案使用后效果情况，专家对参加实验的89名学生进行了问卷调查。问卷由华东师范大学课程与教学研究所专家团队设计，发布在“问卷星”专业在线问卷调查平台(www.sojump.com)上，学生在线回答问卷后由崔允漷教授团队负责数据处理，并出具问卷分析报告。

下面是针对实验班级的学历案使用的情况调查结果分析报告(摘要)：

1. 学历案整体使用情况

结果表明，学生学历案的整体使用情况比较好。这一结果在不同性别、不同学习毅力的学生身上存在差异，而班级、学习成绩、文理倾向以及学习动机、学习能力的不同并没有带来显著差异。具体来说：学历案整体使用情况较好；女生、学习毅力强的学生学历案的使用效果更好;学历案的整体使用情况不存在班级、学习成绩、文理偏向方面的差异。

2. 采用学历案后,学生的满意度情况

结果表明,超过80%的同学对学历案的使用表示"满意"或"非常满意",认同学历案的目标部分是清晰的,评价任务也是与目标对应的,资源与建议部分以及学习过程的设计都是有用的。超过80%的同学认为学历案的使用确实给自身的知识学习、同伴交流、教师指导等方面带来了积极的变化。学习动机较强以及学习能力较强的学生对于"使用学历案能够为自我或同伴的合作学习提供很好的路径"的感受程度要显著好于动机和能力较弱的学生($P<0.05$)。

调查表明,学生对使用学历案教学是欢迎的、满意的,它对促进学生学习是有效的。我们有理由相信,只要坚持使用,学历案对提升学生的学习力也会是有效的。

无论是课堂实践阶段,还是实证检验阶段,我们都发现了学历案存在的一些问题,如学历案结构与要素的问题,每个要素应该回答哪些问题,如何解决学生学习的"差"和"异"的问题等,我们针对问题提出了一些解决的对策,这对后面的学历案改进起到了推动作用。

(五) 修改完善阶段

时间大约在2015年5月至9月之间。

经过课堂实践和实证检验,崔教授又组织我们开展了多次深度研讨活动,对最初的学历案定义、框架和要素进行了多次修改。在此基础上,我们还对一些用过的学历案进行修改,提高了各要素、指导语撰写的规范性。

(1) 对学历案定义的修改。学历案最初的定义是:"教师为儿童意义与价值的习得(经验增长)而专门设计学习经历的教学方案。"[1]修改后的定义是:"教师为了便于儿童自主或社会建构经验,围绕某一学习单位,进行专门设计的学习过程的方案。"它是教师专门预设的、基于班级教学、给学生学习用的方案;是就某一学习内容,呈现学生从不知到知、少知到多知的完整

① 崔允漷.学历案:如何让学生"在学习"[R].内部资料,2013-5:17.

历程;是一种课程计划、认知地图、学习档案、互动载体、监测依据。[①] 学历案的新的定义,更加明确了学历案的定位以及编写要求。其实,关于学历案的定义,直到本书即将完稿的时候,崔教授还在不断思考与修改。

(2) 对学历案的框架、要素的修改。如起初"资源与建议"是作为一个独立的要素单列的,后来将它归结到"学习过程"要素之中,作为学习过程的一个环节来处理;再有,在学历案的最后增加了"学后反思"这一要素,要求学生课外去完成。

(3) 对已有学历案的修改。老师们根据修改后的学历案框架和要素,对原有的学历案进行再修改,加强了各要素、指导语撰写的规范性,使每一份学历案更加精致、专业。

四、"三个成长":学历案给我们带来的变化

学历案的引入,无论是对学生的学习方式转变、对教师的专业发展,还是对学校的品质提升都产生了有益的影响,使各方都获得了成长。

(一) 促进了学生学习方式的转变

学历案给学生学习带来的变化,不仅仅表现在学业成就方面,还有对学习观念、学习方式方面的影响。学历案的使用帮助学生转变了学习观念和学习方式,有效地促进了学生的学习。主要表现在:课堂参与度大大提高,学生变得更想学了;能自主、自信地调控学习经历,学生变得更会学了;对学习目标、路径、掌握标准的了解变得清晰,学生的学习变得更有效率了。

对参加学历案实验的89名学生的问卷调查分析报告可以佐证上述变化,调查情况分析报告摘要如下:

1. 采用学历案后,学生学习的具体变化情况

"学历案使用情况调查问卷"调查了学生使用学历案后学习的变化情况,该指标下共有8个题项,对于每个题项,学生的回答分为从"完全

---

① 崔允漷.学历案:微课程方案(8th)[R].内部资料,2015-7:18.

不符合”到“完全符合”5级，对应分值从1—5。

图2-1列出了调查学生在每一题项上所做选择的平均分。具体结果显示：使用学历案后，学生对每节课的“目标达成情况”以及“内容掌握情况”都更为清楚了，平均值分别为4.37和4.38，与其他题项比较，其得分是最高的；同时，认为“完全符合”得分为5的比例也是最高的，分别占了学生总体的62.9%和60.7%。其次，认为使用学历案后，“参与课堂活动的机会增加了”、“课堂学习方式发生变化了”、“上课有事做了，注意力更集中”、“上课开小差、走神的次数和机会减少了”的学生比例也较高，在该题项的得分均在4分左右，说明大部分学生都认为是“基本符合”的。但是，使用学历案后，在“获得老师或同学帮助的机会更多了”和“作业比以前精致，课外作业减少了”这两个题项上得分相对而言是低的，平均得分在3.7分左右。

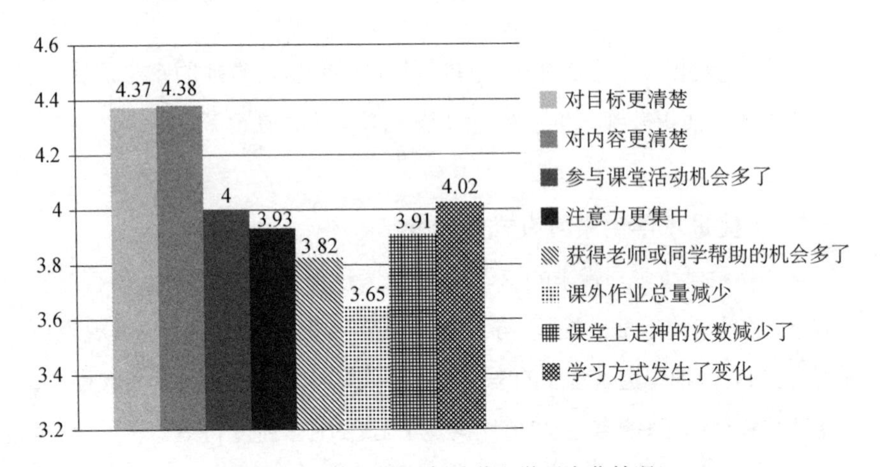

图2-1　使用学历案后学生学习变化情况

在这8个题项上，是否存在性别、班级、学生成绩、文理偏向以及学生个性特征上的差异呢？为了确定这个问题，本调查又进行了差异性检验。分析结果为，除了学习动机与文理偏向在各个题项上不存在差异，其他均存在一定的差异。具体来说：

(1) 女生较男生在学习目标以及学习内容的清晰掌握程度上存在显著差异($P<0.001$)。女生对每节课要达成什么样的目标以及要学习什么样的内容更为清楚，这在某种程度上预测了女生的学习效果要好于男生。

(2) 不同学习能力的学生在学习方式是否变化的评价上存在显著差异($P<0.05$)。学习能力较强的学生对“课堂学习方式发生变化”比较敏感,认同采用学历案后使课堂学习方式发生变化的显著高于学习能力不强的学生。

(3) 不同学习毅力的学生在“学习变化”的各个题项上普遍存在差异。学习毅力强的学生更认可学历案的使用让作业变得更为精致,同时自己上课也更为专心,学习毅力不强的学生对此的认可度则较低。

2. 采用学历案后,课堂的具体变化情况

本问卷设置了8道题项,了解采用学历案后课堂的具体变化情况。从图2-2可以看出,采用学历案后课堂发生的最大变化是“教师上课主要围绕学历案,而不是PPT或教材”,选择“完全符合”的比例达到75.28%。相反的,采用学历案后,“教师讲授时间明显比过去减少了”这一课堂变化相对其他题项而言比较小,平均得分只有4.02。除此之外,“课堂气氛发生了变化,课堂更活跃”这一课堂变化得分也比其他题项低,平均分为4.13。其余课堂变化情况则差不多,平均分均在4.2以上,说明过半数的同学表示完全赞同。

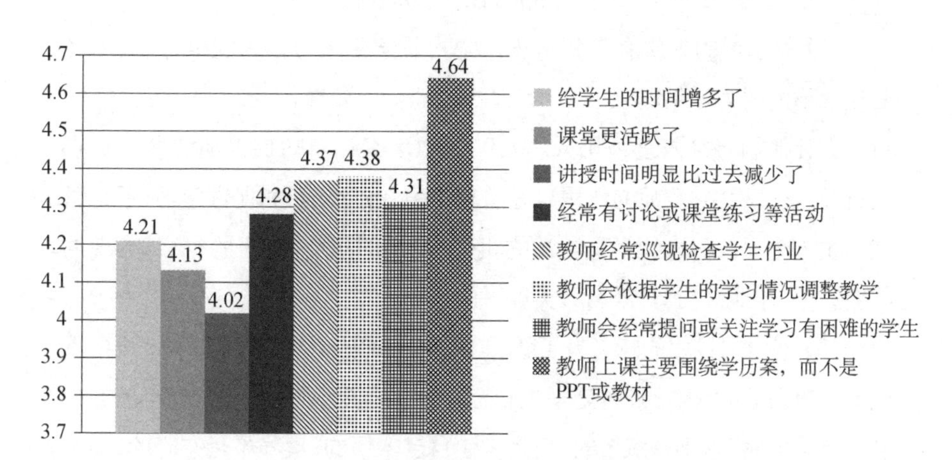

图2-2 使用学历案后课堂变化情况

针对不同学生群体在“采用学历案后,课堂有无发生变化”的具体题项上是否存在差异这个问题,本调查又做了具体分析。通过差异性检验,学生成绩与文理倾向在8个题项上均不存在差异,其余群体特征在具体题项上都呈现不同程度的差别。

以上分析，都是基于数据、真实严谨、实事求是的，客观地描述了学历案对学生学习带来的变化。总体上讲，学历案对不同的学生群体的学习都产生了积极的影响，只不过对有的群体影响比较显著，对有的群体有影响但不够显著。但学历案对任何学生群体都没有负面影响。

（二）促进了教师观念和行为的变化

1. 观念的变化

（1）否定了传统的旧观念。长期以来，“教了”等于“学了”，“学了”等于“学会了”的老观念在教师的头脑中根深蒂固，这就是许多教师为什么只关注“教”，不关注“学”的根源。经过了关于学历案的理论学习和实践锻炼，老师们懂得了有效的教学过程必须完成信息的两次转换，即“人际转换”（教了——学了）与“自我转换”（学了——学会了）；没有进行信息的自我加工，学生就难以学会。这个观点对日常教学中存在的现象——“老师，你讲的我都能听懂，要我自己做，我不会”作出了清楚的解释。可见，为学生实现信息的第二次转换创造良好的环境，是教师实现有效教学的关键。从此，我校教师开始重视“第二次信息转换”环节的设计与教学。

（2）对学习的本质有了新认识。学习是学生亲力亲为的事，别人无法替代。不能因为学生现在不会，就去替代他们。要懂得，教师今天的替代，可能会让他们将来永远被别人“替代”。学历案让老师们更加清晰地认识到，在教学过程中，教师的作用只是引起学习、维持学习和促进学习，不是替代学生去学习。只有给学生尝试的机会、纠错的机会、感悟的机会、表现的机会，学生才能经历“真学习”，实现真成长。

（3）对学习过程的意义有了新思考。老师们从学历案的教学实践中感悟到：知识不是教会的，而是学生自己学会的；能力不是传授的，而是学生自己练成的；智慧不是赋予的，而是学生自己感悟的；素养不是空降的，而是学生自己生发的。学历案致力于改变学生的学习过程，因为，即使有了正确的目标和内容，学习过程错了，学生仍然难以学会，难以形成素养。如，教师用多媒体演示化学实验过程的方法来替代学生做化学实验，表面上看学生暂时“学会了”该实验，但学生不是“真学会”，只是“记住了”，实际上并不会独立操作该实验，因为这种记忆不可能刻骨铭心，很容易淡忘，它跟经过独立操作而获得意义的学习大相径庭。因此,目标——内容——过程必须具有一致性:目标决定内容与过程,内容服务于目标,过程辅助内容的习得,并实现意义,促成目标。可见,课堂不应该是"讲堂","讲授"同样不应该永远作为教师课堂的主要行为;过程与方法应该随目标的不同而有所变化,不能"以不变应万变",否则,难以实现学科育人的目标。

欣喜的是,以上观念的转变不是专家授予的,而是教师在教学实践中逐渐感悟的。这是一种实践中生发的智慧,价值无限,力量无穷……

2. 行为的变化

观念的改变,必然会引起教师行为的改变,也推动了教师课堂角色的转变。

(1) 教学关注点的转变。学历案对教师备课带来的变化是:从只关注"内容"到更关注"目标";从只关注"知识"到更关注"学科素养";从只关注"教"到更关注"学";从只关注"结果"到更关注"过程";从只关注"练习"到更关注"评价";从只关注"统一"到更关注"差"、"异"。

以下是一位历史教师关于教学关注点转变的切身体会。

从教已有十多年了,在接触学历案之前,我的备课和大部分老师一样,基本上都是站在教师的立场上,主要关注"教",很少关注"学"。自从参与了学历案的研究与实践,我备课时的关注点发生了很大的变化,体会最深的有两点:

一是更加重视学习目标的设计。之前,我备课时对目标不太研究,也不觉得目标对教学会起多大作用,认为还是内容比较实在。于是,备课时,撰写目标变成了一种形式,撰写的目标也常常达不到"三维"叙写的标准。由于目标的不准确,导致了内容、过程与方法的随意性。经过学历案的知识培训与使用,我体会到了目标的重要性与价值,开始重视目标的撰写。以"美苏争锋"一课中的目标为例,为了写好目标,我花了不少心思,其中的第二条目标是:"运用大事年表梳理美苏两极对峙格局的形成过程,并尝试重构该过程的知识结构,学会绘制知识结构示意图。"

不难发现,此目标能够按照"三维"的要求进行表述,说清楚了要让学生学会什么(知识与技能),通过何种路径去习得(过程与方法),通过这样的“过程与方法”获得什么意义——联想到“用绘制结构示意图的方式描绘知识结构”,这是一种素养。这样的学习目标设计,既落实了“课标”的要求,又为教学指明了方向,并明确了判断学会与否的评价标准。

二是更加重视学习过程的设计。过去备课考虑较多的是“教什么”、“怎么教”,这都是基于教师的角度考虑的。现在角色转变了,总是从立足于学生的“学”去思考。不是仅停留于在内容的呈现方式上做好文章,而是更关注让学生以何种状态进入学习过程,用何种方法有利于学生学会,“路边的风景”一定要让学生自己去发现、去感悟。更关注怎么才能给学生留有足够的想象的空间、洞察的空间,思考的空间、追问的空间、交流的空间、动笔书写的空间。一句话,就是如何“留白”,让学生经历正确的学习过程,习得知识,获得成长。(元济高级中学　刘立霞)

(2) 教师角色的转变。教师要从“先生”变成“导游”。也许有同仁对此说法有异议,然而从“教是为了什么”的角度去仔细想想,这是有一定道理的。传统教学中为什么学生学习经历单调、学习被动?是因为教师的“先生”地位太“巩固”,学生把老师当作“神”,于是,受老师支配逐渐成为一种习惯。这种状态不改变,学生的学习经历永远无法改变。要让学生的学习经历变得主动而丰富,唯有从转变教师角色入手。“导游”与“游客”的关系不是支配与被支配关系,而是服务与被服务的关系,导游视游客为“上帝”,这种理念应该值得我们教师借鉴。学习的主体是学生,学历案主张把学习过程看作一次“旅行”,教师当“导游”,学生当“游客”,教师的“先生”地位被颠覆了。作为“导游”的教师应该怎么教呢?在本书第二部分“开发学历案的关键技术”中有专门的介绍,这里不再赘述。

(3) 研究领域扩大,教学获奖人次增加。自学历案被引进以后,吸引了许多教师的教学科研触角,拓展了他们的研究领域。2013 年至 2015 年间,与学历案有关的课题中有 1 个被立为省级规划课题,5 个被立为嘉兴市级规划课题,还有 10 多个被立为县级课题,占全校各级立项课题总数的四分之一。2014 年 4 月至 2016 年 4 月,我校不少教师在参加嘉兴市、浙江省乃至全国的课堂教学比赛中,或采用学历案教学,或借鉴学历案的思想改进教学设计,均取得了优异的成绩。其中,有 2 人获得全国一等奖,1 人获得浙江省一等奖,1 人获得浙江省二等奖,16 人获得嘉兴市一等奖,17 人获得嘉兴市二等奖。作为一所县级的中学,在这么短的时间内获得如此多高层次的奖项是很不容易的,这不能不说是教师专业发展水平的一种体现。

(三) 提升了学校的品质与声誉

1. 课堂品质得到提升

作为一所学校,最重要的品质是什么?教学是学校的中心工作,这一点永远不会改变!因此,课堂教学的品质无疑是最重要的品质,它将决定一所学校的教育品质。

我校参与过学历案研究和实践的教师达到 80 多人,占全校专任教师数的 50%;参与过或观摩过学历案教学或听过学历案专题讲座的教师占专任教师数的 90%左右。不仅直接参与学历案研究或教学的教师的课堂在改变,其他不用学历案教学的教师因受学历案的影响,他们的课堂也在悄悄地发生改变:教的"痕迹"在淡化,学的"痕迹"在凸显,学习效率在提升。"学在先、教在后、评在中"的教—学—评一致性理念正在元济高中的课堂里成为现实,更成为一种常态。

元济高中课堂教学品质的变化,引起了社会媒体的关注。2015 年 6 月 30 日《嘉兴日报》刊发了一则题为"元济高级中学:争做教学改革的先行者"的报道,介绍了我校教学改革的情况。文章指出:"透过一个个亮眼的数据(指高考、学业水平考和学科竞赛成绩),翻开元高的历史,我们发现,改革创新始终贯穿于这所名校成长发展的每一步,成为元高跨越式发展的内驱力。""老师在讲台上讲,学生在讲台下静静地听,这种场景几乎成为人们共同的学生记忆。这种无论学生接受能力怎样,'喂食'式的教学方式,在元济高级中学正被一种称作'学历案'的新颖教学方式所颠覆。""人生规划、学历案、评价机制改革……元高一系列在全省、全国的创新探索、深水实践,不仅保持了教学质量的高水平,向名牌高校源源不断地输送了大批优质生源,在教育事业的改革发展中也给人启迪,引人深思。"①

---

① 元济高级中学:争做教学改革的先行者[N].嘉兴日报,2015-6-30.

2. 我们的经验在全国范围内传播

我们的学历案研究得到了国内专家、同行的关注。在崔允漷教授等专家的推介下,我校的学历案研究成果与经验迅速在国内传播。我在2014年7月应邀去华东师范大学为全国各地的教研员、校长培训班学员作题为"学历案:让学生'在学习'、'真学习'——有效教学研究的新视觉"的专题报告;2015年2月应邀赴南京一中作题为"学历案实践在路上:元济高中案例"的专题报告;2015年5月应邀为浙江省部分地市名师、学科带头人作题为"学历案的结构要素与实践"的专题报告。2015年7月,我校有5名教师应邀赴南京一中交流,介绍我们的学历案研究经验与体会。2015年9月,我校成功举办了"浙江、江苏两省学历案教学深度研讨活动",来自江、浙两省的80多位特级教师、骨干教师、教研员和华师大崔允漷教授、周文叶博士以及10名研究生参加了研讨活动,我校10个学科举行了学历案公开课,展示我们的研究成果,得到了与会专家、同行的高度评价。《中国教育报》、《教学月刊》、《教育视界》等媒体也相继刊发了我校关于学历案的论文或对我校学历案研究活动的报道。

3. 学校在课程改革领域内的示范、辐射作用更加凸显

也许很多学校还在为转变教学的方式感到困惑,找不到合适路径的时候,我校学历案的实践研究已取得了一些阶段性成果和经验,借助华东师范大学课程与教学研究所这个高层次平台,不断在全国范围内传播与分享。在我们研究的各个阶段,始终都有崔允漷教授等著名专家的深度介入与指导,也引起了许多学校的关注或仿效。2014年以来,先后有南京一中、南京市金陵汇文学校、杭州市富阳中学、温州市瑞安中学、湖州市吴兴高级中学等数十所兄弟学校,300多人次慕名前来我校交流、学习。

五、新的问题:反思与展望

在认真总结学历案研究成果的同时,我们也发现了许多新的问题,亟待我们去解决。概括起来主要有:

1. 如何通过学历案解决学生"想学、会学、坚持学"的问题,使未来的学历案对学生更具有"邀请性"。

2. 如何加强学历案的自身研究,使学历案更加符合学生实际,为增强

学习效率、提升学生学习力发挥更大的作用。

3. 如何提高学历案的再利用水平，指导学生加强对学历案的管理，将学历案的应用从课内延伸到课外。

4. 如何加强对学历案的课型研究，根据不同的题材，开发不同的课型，提高课堂效率。

5. 如何完善学历案的教学范式，更好地处理“学”与“教”的关系，进一步推动学生基于学历案的学习交流与成果分享，培养良好的学习习惯。

6. 如何建立学科内或学科间教师知识的共享机制，做好学历案的资料档案，减少教师的工作量。

以上问题将作为我们后续研究的课题，逐个加以解决。我们将一如既往地把学历案作为拓展课堂改革的一个重要阵地，努力去实现学校“对学生的今天负责，为学生的明天着想”的办学理念，落实“教学生三年，想学生三十年”，为学生的终身发展奠基的大教育观。

第二部分　开发学历案的关键技术

导　读

工欲善其事，必先利其器。就教学而言，学历案便是有效教学的一把利器。传统的教案是教师实施课堂教学所依据的方案，主要服务于教师自身，即便是优秀的教案也没有改变教师立场，而且大多忽视了学生作为学习的主体的主动性与自觉性。而学历案则与之迥异，它秉持学生立场，立足于实际学情，以学定教，是教师在学习目标的指引下为学生设计的学习方案：它强调学习目标的简洁明晰，让学生明白"我要去哪里"，尤其独创了目标实现的路径设计，可谓"删繁就简三秋树，标新立异二月花"。它突出了学法指导，让学生清楚怎样去那里。它创新了评价任务，让学生知道自己是否到达了那里。它变教师传授为主的教学过程为学生习得为主。在学历案的引领下，学生的亲力亲为取代了教师的传统传授，主动求索的过程使学生不仅收获了知识，而且体会到学习的乐趣，一而再，再而三的成就感不断激励着他们在课堂上再接再厉。

目标定位，任务驱动，学法引领，享受过程，学后反思：这就是学历案——一场真正的课堂教学范式的变革。

01 如何确定与叙写“学习目标”？

翁　洲

教学是一种有目的、有计划的活动，“在生活中，目标帮助我们集中注意和精力，并表明我们想要完成的任务。在教育中，目标表明了我们想要学生学习的结果。”①所以，在教学活动之前我们要进行必要的准备，这个准备的核心就是预设合理的学习目标。学习目标是课堂教学过程中，学生一切学习活动的出发点和落脚点。它是教学的灵魂，是学习的质量标准，引领着教学的全过程，也决定评价任务的设计和教学方法的选择。

因此，学习目标的制定必须明确：在教学过程中，学生将要获得什么，学生要对这个学习内容掌握到什么样的程度，以及通过何种路径去获得。如果学习目标不明确或者有偏差，学生的学习行为也就会表现出一定的盲目性和随意性，从而导致学习效率低下。只有设计好科学的、清晰的学习目标，才能切实提高课堂教学的针对性和有效性。本文将结合实际案例，就如何写好学习目标作一些探讨，与大家分享。

一、明确学习目标的设计依据

设计合理、明确和可行的学习目标，是构建有效课堂的第一要务和先决条件，也是写好“学历案”的第一步。在考虑学习目标的撰写时，每个老师心中必须要有一条基准线，即确定学习目标的依据——课程标准、教材、学情

① [美]L・R・安德森，等.学习、教学和评估的分类学：布鲁姆目标分类学（修订版）[M].上海：华东师范大学出版社，2008：3.

和资源等。而且，"'教育目的'的具体化是《课程标准》，而《课程标准》的具体化就是'学习目标'"①。可以说，《课程标准》是教师教学设计最重要的依据，依托《课程标准》进行学习目标的撰写是每个教师的"专业行为"。目标当然并不是越高越好，而是要依据《课程标准》，适宜学生的学习。

然而，在实际教学实践过程中，许多教师却对《课程标准》不够重视，或将《课程标准》束之高阁，或断章取义，或片面理解运用，最后导致了游离"课标"的教学行为的出现，使教学变得非常随意，影响了学生的学习。因此，作为教师必须认真学习、深入钻研"课标"，清楚其特点，明白其要求，熟记于心，精准把握。

但《课程标准》是宏观体现国家意志的、基于学科逻辑的育人目标，作为一线教师，如何将抽象、笼统的育人目标"具体化"、"细节化"才是学习目标设计的重心，也反映了一名教师的专业水准。这种"具体化"、"细节化"的过程其实是对《课程标准》进行有效分解的过程。我们通过如下案例来具体了解如何进行目标的有效分解。

【案例1】(人民版高中历史必修1第九专题(下)第一课"美苏争锋")

课标要求：了解美苏两极对峙格局的形成。

学习目标：运用大事年表梳理美苏两极对峙格局形成的过程，尝试重构两极对峙格局形成过程的知识结构并绘制知识结构图。

【案例2】(人教版高中思想政治必修1第二单元第五课"企业与劳动者")

课标要求：识别公司的不同类型。

学习目标：通过对具体公司的实例分析，能识别有限责任公司和股份有限公司这两种不同类型的公司，运用对比学习法，从多个角度发现两类公司的区别。

《课程标准》中规定的教学目标其表达方式属于"中位"表达，常常不够具体，需要教师进一步分解与细化。历史课标中的"了解"和政治课标中的"识别"都是一些专业词汇，而且是一种抽象的表述，学生可能不清楚其具体

① 崔允漷.有效教学[M].上海：华东师范大学出版社，2009：110.

含义。因此,在学习目标的设计时应具体阐明“了解”到什么水平,“识别”到什么程度。上述两个“学习目标”都完成了这个具体化、策略化的任务。对“美苏两极对峙格局形成”的“了解”是通过“大事年表梳理”这个过程,达到能“绘制知识结构图”的水平。对不同类型公司的“识别”要求能够达到“从多个角度发现两类公司的区别”的程度。所以教师设计的学习目标通常是策略化的,可观察和可评价的,也是即时可操作的。有了这样的目标,学生在对学习目标是否达成进行自我评价时也就有了明确的标准,这个“学习目标”也就成为他们在学习过程中自我要求、自我激励、自我调控和自我评估的“导航仪”了。

二、把握学习目标的行为主体

学习目标是学生在学习过程中要达成的学习结果,是通过学生的行为来反映的,所以学习目标的行为主体一定是学生,学习目标的行为动词自然应该是学生所发出的动作。关于这一点,不少老师至今还存在着模糊认识,一些教师的论文、正式出版的教参中关于目标的叙写,使用的行为主语往往不正确。

以苏教版高中语文必修一“始得西山宴游记”一课为例,以往教案中出现过这样的目标:

【案例3】

1. 培养学生积累文中出现的常用文言实词和文言虚词的能力,如“惴栗”、“隙”、“趣”、“徒”、“缘”、“斫”、“箕踞”、“际”、“志”以及“而”、“乎”、“其”等;

2. 让学生自己疏通课文、理清文章思路,理解第一段不直接写西山的妙处;

3. 通过对比教学,使学生领会西山之怪特与作者遭遇挫折却不甘沉沦的人格之美及二者是如何相互映照的,引导其感悟“悠悠乎与颢气俱,而莫得其涯;洋洋乎与造物者游,而不知其所穷”的天人合一境界。

显然,以上学习目标中使用的动词“培养”、“让”、“使”、“引导”,它们的主语都是老师，这样的表达都是不符合要求的。学习目标所涉及的行为主体一定是学生而不是老师，即使省略了主语也是明确指向学生行为的。

故可进行如下修改与完善：

1. 通过多梯度的朗读，知道文中出现的常用文言实词、虚词以及特殊句式，理清文章思路，提高文言文阅读语感；

2. 通过探究的方式，概括出柳宗元笔下西山的独特之处，理解西山之怪特与作者遭遇挫折却不甘沉沦的人格美相互映照的艺术魅力，体会“融情于景”的写作手法；

3. 通过对文化背景知识的拓展，理解作者获得的精神感悟，增强对“山水之乐不在山水，在于作者的生活态度”这一传统文化的认识，体悟到中国贬官文化的时代意义。

三、规范学习目标的内容指向

我们可以将学生最终的习得结果分为三类：成果、过程、创造，这三类习得结果都是有教育意义的。与之对应的就有三类目标：成果性目标、过程性目标、创造性目标。其具体内容如下表：

表1－1　学习目标分类及举例

目标	含义	示例
成果性目标	通过学习获得的成果是什么	会写、会背、会用、记住……
过程性目标	重要的学习经历即是学习结果	经历、体会、感受、体验……
创造性目标	一个开放的、难以预设的结果	制作、设计、扮演、编写……

这样的目标分类可以使目标更具有针对性和整体性，“它不仅关注了成果性的知识与技能目标，而且还能关注到过程性的过程与方法目标，以及通过‘结果留白’引导学生实现创新的、结果开放的目标”①。

教师在叙写目标时可将学习目标分成三维，即知识与技能(一维)、过程与方法(二维)、情感态度与价值观(三维)。三维教学目标不是三个目标，而

① 崔允漷.追问“学生学会了什么”——兼论三维目标[J].教育研究，2013(7)：100.

是一个问题的三个方面。在教学中,既没有离开情感态度与价值观、过程与方法的知识与技能的学习,也没有离开知识与技能的情感态度与价值观、过程与方法的学习。一个目标的三个维度之间不是割裂的,而是彼此相关的。

下面,不妨以"椭圆及其标准方程"一课为例,说明学习目标的内容指向。

【案例 4】

1. 经历从具体情境中抽象出椭圆模型的过程,探究椭圆的定义并能正确地表述,理解椭圆定义中参数 a、c 的实际意义和限制条件,提高抽象概括能力;

2. 经历椭圆标准方程的推导过程,感悟选择"适合"的坐标系的意义和价值,掌握焦点在坐标轴上的椭圆标准方程的两种形式,进一步体会用解析法研究几何问题的思维过程与步骤;

3. 理解椭圆参数 a、b、c 三者之间的关系,会根据已知条件求椭圆的标准方程,解决一些简单的实际问题;

4. 通过拓展学习,感受可以由不同的路径获得椭圆的轨迹方程;结合例 3 的学习,理解并会运用转移代入法求动点的轨迹方程,增强轨迹意识,体会数形结合思想。

设计者将每一条目标表述成三个维度,即学会什么?怎样习得的?通过这样的过程习得特定的知识与技能对学生有何意义(素养的提高)?三个维度非常清晰,各自有所侧重,体现了一定的逻辑进阶。例如目标 1"经历……探究……理解……提高"这样的陈述就兼顾了"过程与方法 + 知识与技能 + 情感态度与价值观"这三个维度的目标,同时解决了将"情感态度与价值观"单独写成一条而带来的无法清晰化评价的问题。

另外,从宏观角度上看,整个学习目标又贯穿了三条线索:第一条为"椭圆的概念→定义→标准方程→参数关系→简单应用",此线索由浅入深地让学生学会椭圆的知识,并运用这些知识去解决实际问题,主要体现了"知识与技能"目标;第二条为"经历……过程→感悟→会根据→感受",此线索重在展现学生学习过程中的"经历",主要体现了"过程与方法"目标;第三条为"抽象概括能力→解析法思想→数形结合思想",这都是解析几何课程要培养的学科思想方法和关键能力，此线索不止在为学生解决“眼前问题”，而且是通过用正确的过程和方法习得正确的知识，实现对学生成长的意义，为学生形成良好的数学素养奠定基础，主要体现了“情感态度与价值观”目标。

四、达成学习目标的呈现方式

研究表明，呈现一个完整的学习目标必须包含四个核心元素：行为主体、行为动词、行为条件和行为标准。即谁来学、学什么、在什么条件下学、学到什么程度。四个要素缺一不可，相辅相成。具体如下表格：

表1-2　学习目标核心要素表

行为主体	学习者（学生），而不是教师
行为动词	可观察、测量的具体行为
行为条件	影响学习结果的制定限制或范围等 主要有辅助手段或工具、提供信息或提示、时间的限制、完成行为的情景等 有时，也可指学习的过程与方法
行为标准	学生对目标所达到的最低表现水准，用以评测学习结果所达到的程度

这“四个要素”要进行一定的“排列组合”才能清晰地呈现我们所要的学习目标，这就需要一定的语法结构，我们可以将目标的语法结构大体上分为如下四种：

1. （行为主体）+行为动词；如，会背诵《沁园春·长沙》。

2. （行为主体）+行为动词+行为标准；如，能写出不少于300字的短评。

3. 行为条件+（行为主体）+行为动词；如，通过回顾减数分裂过程中染色体的行为特征及染色体与基因的关系，能概括基因重组的类型。

4. 行为条件+（行为主体）+行为动词+行为标准；如，通过实验，探究弹力大小与形变量的关系，会用胡克定律的数学表达式和图像解决简单的实际问题。

依托上述语法结构，下面以苏教版高中语文必修一“劝学”一课为例，呈现一个完整的学习目标。

参照《普通高中语文课程标准》的相关要求,《劝学》是高中语文必修一中的第一篇文言文,因此,成果性目标的达成主要是实现“文言实词、虚词、词类活用”的积累和“特殊句式”的掌握,同时注重在以后的阅读实践中举一反三。另外,结合初中议论文的基础理论学习,进一步巩固对议论文论证方式的方法理解,并能在以后的议论文撰写中灵活运用。然后再考虑以三维的方式来表述,这篇课文的学习目标可以这样叙写:

【案例 5】

1. 朗读课文,能够准确解释文中出现的重点文言实词、虚词的意思;能够准确翻译有词类活用和古今异义词的句子,提高文言文阅读语感;

2. 通过第三段的分析研究,体会比喻论证和正反对比论证的妙处,提高围绕中心论点合理论证的能力;

3. 背诵全文,理解学习的重要性以及学习必须“积累”、“坚持”、“专一”的道理,树立积极的学习观和人生观。

三条学习目标综合运用了四种撰写目标的语法结构,使学习目标进一步规范化、准确化,这对教师的专业化水平和素养也提出了越来越高的要求。

学习目标的制定是否准确、清晰、可操作、可评价,直接影响着教学活动的展开和对学习结果的评价。不合理的目标会将学生的学习引入歧途,只有合理设定学习目标,课堂活动才会有的放矢,才能真正帮助学生,生成有意义的学习。

02 如何撰写与目标匹配的“评价任务”？

王建峰

评价是一种基于证据的推理，没有评价的教学是一种无目标的教学。而推理的前提性条件是我们需要采用合适的评价方法收集到有效的证据。什么样的评价方法才是合适的呢？泰勒指出：“由于评价涉及获得学生行为变化的证据，所以，获得任何有关教育目标所期望的行为的有效证据，都是一种合适的评价方法。”①这包含了两层意思：一是获取有关学生行为变化证据的途径和方法是多元的，当我们考虑评价时，不能局限于某一种评价方法。二是使用特定的评价方法所获取的证据必须是“有效”的，即证据要能反映目标达成情况的学习信息。② 那么，在学历案撰写过程中，应该如何思考并撰写与目标匹配的评价任务呢？本文将围绕这些问题和大家作一探讨。

一、什么是评价任务

评价任务是指为检测学生的学习目标达成情况而设计的检测项目。包括两种形式，一是传统的纸笔测验（试题），如填空题、选择题、匹配题、是非题和解答题；二是表现性评价（任务），如课堂真实情境中的师生问答、展示、表演、实验以及复杂的纸笔任务和调查等。“评价任务”设计的内容与学习

---

① [美]拉尔夫·泰勒.课程与教学的基本原理[M].施良方，译，瞿葆奎，校.北京：人民教育出版社，1994：86.

② 周文叶.中小学表现性评价的理论与技术[M].上海：华东师范大学出版社，2014：63.

目标间的关系见图2-1所示,即“评价任务”以任务的形式把知识、技能、知识获取过程中涉及的思想方法、知识间的联系、整合及应用等元素融于具体的情境中,通过任务的实施来检测学习目标的达成情况。如果评价方法与所要检测的目标不匹配,即便获得了证据,也是无效的。在实际操作过程中,教师可以根据教学实际把“评价任务”安排在课内实施,也可与作业一起,安排在课外实施。

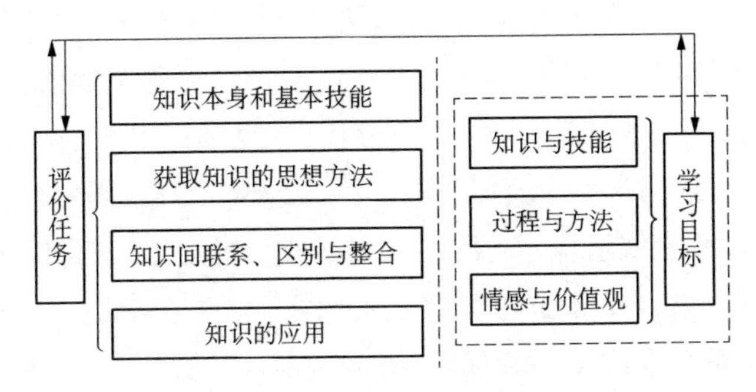

图2-1　评价任务与目标之关系

“评价任务”的作用是为了检测学生学习目标的达成情况,学会了没有、学到什么程度,还有哪些地方做得不够,以此作为教师下一步教学决策的依据。学生也可以通过“评价任务”进行自我评价。所以,“评价任务”引领学习方向,没有有效的“评价任务”,就很难产生课堂所需要的评价信息,从而使教学陷入盲目的状态。有效的“评价任务”必须符合三条标准:与目标匹配、看得明白、实施可行。[①] 唯有这样的评价任务才能有效检测学习目标的达成情况。

二、怎样设计与目标匹配的评价任务

(一) 设计要素

当我们依据课程标准、教材、学情、资源确定学习目标后,接下来就要思考:设计怎样的评价任务来评价或检测这些目标?评价任务的设计,就是将学习目标转化为可以作为收集学生关于学习结果的行为反应的检测项

① 周文叶.评价任务的设计与实施[R].内部资料,2014-8:17.

目,所以,评价任务应与学习目标相匹配。当然,评价任务与目标匹配不等于与目标一一对应。对于“一维”目标,即知识与技能目标,必须有相应的评价任务与之对应;但是,对于“二维”、“三维”目标,有时难以设计与之对应的评价任务,于是,它们的达成情况往往只能依据学习经历、课堂表现等现象来推断,尤其是涉及学科素养的目标,它的达成需要一个长期的积累过程,并非一节课就能够实现的。

在设计某一具体的评价任务时,需从“情境、知识点、任务”三个要素来设计所要检测目标的项目。要素之一:情境。情境也称问题情境,是指教师有目的、有意识地创设各种场景,以促使学生去质疑问难、探索求解。在设计时应创设尽可能与目标匹配、与学生经验相吻合的问题情境,吻合度越高,评价的效度也就越高。要素之二:知识点。知识点是评价任务所检测的知识泛称,包括知识本身、技能与方法,它往往隐藏于情境之中,评价任务中所包含的知识点越少,与目标的匹配度就越高。要素之三:任务。任务是指要学生做的事,要求指令、内容明确,理解没有歧义。

(二)设计策略

把“学习目标”转化为可测、可评,且与目标匹配的“评价任务”,其程序如图 2-2 所示,即依据学习目标从评价任务的三要素入手来设计,它包含三方面的内容:情境呈现、具体任务、需检测的知识点(隐藏于任务、情境中)。如果“评价任务”所呈现的情境越复杂、涉及的知识点越多且隐藏越深,“评价任务”的难度就越大。

“评价任务”所检测的知识点(目标)不同,有的只检测某一知识点,有的

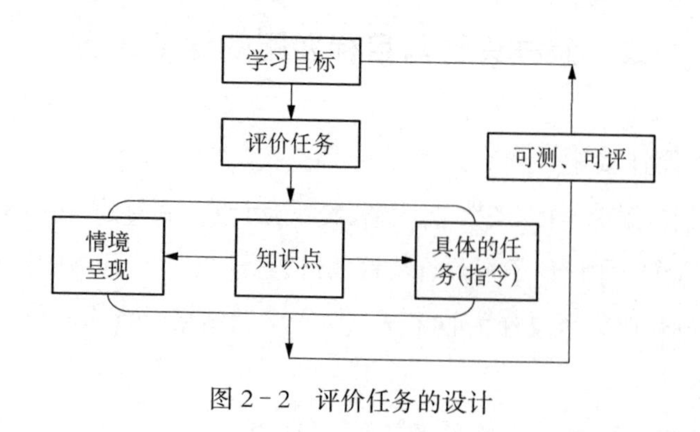

图 2-2 评价任务的设计

检测两个或两个以上知识点。因此，这两种“评价任务”的设计是有区别的，设计时可采用以下两种方式：

1. “一对一”设计法

所谓“一对一”设计法，即一个“评价任务”只检测一个学习目标。此类“评价任务”主要针对知识本身的内容及其简单应用，包括在知识获取过程中涉及的一些重要学科思想方法在新的问题情境中的简单应用。其功能是通过它来检测学生对该目标的达成情况，其优点是针对性极强，检测效度高。

【案例1】

在人教版高中物理必修1“弹力”主题的教学中，教师设计了如下与目标匹配的“评价任务”：

学习目标	评价任务
会画弹力示意图，领悟假设法、移除法、平衡法等科学方法在判断弹力有无问题中的思维程序，提高解决实际物理问题的能力。	1. 如图2-3所示，一质量均匀的钢管，一端支在水平地面上，另一端被竖直绳悬吊着，试画出钢管所受弹力的示意图； 2. 请简述判断弹力有无的依据。

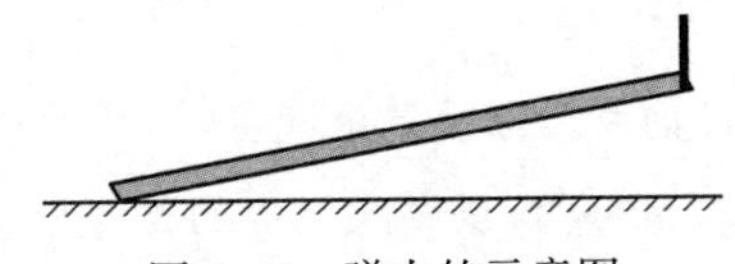

图2-3 弹力的示意图

（来源：人教版高中物理必修1 P56，“问题与练习”第2题）

设计剖析：(1)细化学习目标。按上表的学习目标可细化为会画弹力示意图、领悟各种科学方法在判断弹力有无的思维程序、解决实际问题。(2)创设“评价任务”。判断学生是否学会分析弹力是本主题的重要评价内容。因此，“评价任务”设计围绕画弹力的受力示意图展开。“评价任务”中包含两项具体的任务，任务1是出示如图2-3所示的情景，在生活化的图景中让学生画弹力的示意图；任务2是简述判断弹力有无的依据，在说的过程中展示学生的思维程序，了解学生在判断弹力过程中使用的方法是否科学。其中，任务1是传统纸笔测验，任务2是表现性评价。从内容看，上述“评价任务”紧扣学习目标。从形式看，设计时，教师有意将纸笔测验与表现性评价相结合，可以有效提高“评价任务”的效度、信度。假如减少其中的任意一项任务，都会影响评价的效果。

评价标准：学生在完成上述“评价任务”时，假如只做了任务 1，且画的弹力示意图错误，说明学生对弹力产生的原因、用怎样的方法来判断等知识没有理解；假如学生能独立完成任务 1，即会正确画出弹力的示意图，但未能正确完成任务 2，说明学生不能领悟判断弹力的科学方法，还需要进一步学习与指导；两项任务都能独立完成，则达标。

2. “一对多”设计法

所谓“一对多”设计法，即一个“评价任务”同时检测两个或两个以上学习目标所包含的知识点和能力点。此类“评价任务”将新学到的知识与之前学过的知识整合在一起，解决实际问题，其功能是用于检测学生综合运用知识的能力。它与“一对一”式“评价任务”相比，优点是具有一定的综合性，通过它来检测学生能否将“新知”与“旧知”进行整合并灵活运用，这是“一对一”式“评价任务”所不具备的功能。但是它也有不足，如果学生出错，一下子可能难以判断是在哪一个知识点上出了问题。

【案例 2】

在“电磁感应”主题的复习课教学中，教师设计的学习目标为：(1)理清“电磁感应”的基本知识，形成知识概念图；(2)掌握解决电磁感应类实际问题的基本思路、方法与步骤，提高综合运用知识解决实际问题的能力；(3)通过生活实例的探讨，增强知识的应用意识，体会物理学习的意义和价值。

“评价任务”设计如下：

如图 2-4 所示，虚线框内为某种电磁缓冲车的结构示意图，其主要部件为缓冲滑块 K 和质量为 m 的缓冲车厢。在缓冲车的底板上沿车的轴线固定有两个足够长的平行绝缘光滑导轨 PQ、MN，在缓冲车的底部还安装有电磁铁(图中未画出)，能产生垂直于导轨平面的匀强磁场，磁场的磁感应强度为 B。导轨内有一个由高强度材料制成的缓冲滑块 K，滑块 K 可以在导轨上无摩擦地滑动，在滑块 K 上绕有闭合矩形线圈 $abcd$，线圈的总电阻为 R，匝数为 n，ab 的边长为 L。假设缓冲车以速度 v 与障碍物 C 碰撞后，滑块 K 立即停下，而缓冲车厢继续向前移动距离 L 后速度为零。已知缓冲

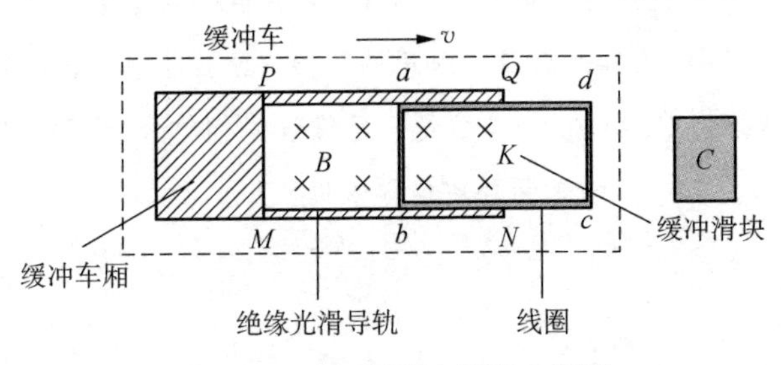

图 2-4　电磁缓冲车结构示意图

车厢与障碍物和线圈的 ab 边均没有接触，不计一切摩擦阻力。在这个缓冲过程中，下列说法正确的是(　　)

A. 线圈中的感应电流沿逆时针方向(俯视)

B. 线圈对电磁铁的作用力使缓冲车厢减速运动，从而实现缓冲

C. 此过程中，线圈 $abcd$ 产生的焦耳热为 $Q=\frac{1}{2}mv^2$

D. 此过程中，通过线圈 $abcd$ 产生的电荷量为 $q=\frac{BL^2}{R}$

设计剖析：(1)情境设计。教师设计了以真实情境为背景、融知识的综合应用和解题程序于一体的“评价任务”，以检测学生能否综合运用所学知识来解决实际问题。(2)知识点设计。由于本题涉及的知识点多，设计时主要围绕以下两个方面。①评价对“电磁感应”基础知识的掌握程度。完成此任务，需要综合应用所学知识，如楞次定律、右手定则、能量守恒等内容。②检测解题的思维程序。完成此任务，需按一定的程序对物理过程进行全面的分析，即从“电路——受力——能量”依次解答。因此，“评价任务”以选择题的形式，按“电流方向——工作原理——焦耳热——电量”这一顺序设置选项，来检测学生的思维程序性。(3)任务设计。四个选项实质上就是要完成四个任务，任务 1 是判断电流方向；任务 2 是分析工作原理；任务 3 是计算焦耳热；任务 4 是计算电荷量。四个任务所检测的知识点不同且逐步递进，通过任务的完成质量来检测学生对知识点的达标情况。

评价标准：本题答案是 BC。学生在完成上述“评价任务”时，假如选 A，说明学生对感应电流方向的判定出现错误，需要区分左、右手定则；假如漏选 B，说明学生对车厢缓冲的原理不清楚，需结合感应电流、车厢受力来定性分析；假如漏选 C，说明学生不能转换研究对象，无法从能量角度来求焦耳热,需加强解题灵活性指导;假如选D,说明学生对于如何求电荷量不清楚,需对比电荷量、焦耳热计算所采用的不同方法。上述"评价任务"把知识点的检测(A、B、C、D选项)与解题的思维程序相结合,通过选项的检测判断知识缺陷,为下一步的查漏补缺提供依据。

三、设计评价任务的几个关注点

(一) 明确设计顺序

"学历案"强调教学必须基于"课程标准",故"学历案"的设计流程不同于教案的设计流程,它遵循的是一种逆向设计的路径,即"学习目标——评价任务——学习过程"。在编写"学历案"时,教师首先思考的应该是"学习目标",其次是用怎样的"评价任务"来收集学习目标达成的证据,第三才是针对"学习目标"去设计教与学的活动,即"学习过程"。将"评价任务"的设计先于教学活动的设计,并与作业设计一同进行,这是为了更好地帮助教师厘清目标达成的"标准",正确区分学习任务与评价任务,使教学活动的安排更具针对性。唯有这样,才能保证"学—教—评"的一致性的落实,充分发挥评价对学生学习的促进作用。

(二) 基于教学全程

教学活动就是围绕学习目标,展开评价任务、获取(收集)评价信息、利用(处理)评价信息以促进学习的过程,教学过程使得评价信息得以优化。[①]因此,我们在设计评价任务时,应基于教学的整个环节来促进"学习链—教学链—评价链"的建立,树立评价即学习的意识。让"评价任务"贯穿学习的全过程,做到课中、课后的一体化考虑,鉴于课堂教学时间的有限性,光靠课内时间是难以完成全面、系统的评价,我们可以让评价延伸到课外,与作业、社会实践、研究性学习等相结合,以促进学生深层次的学习。

利用"评价任务"获取评价信息的方式主要有四种:一是引导学生说,

① 崔允漷,张菊荣,等."基于学习视角的课堂评价信息"的主题组文.江苏教育(小学教学),2013(6).

从学生的“说”中获得大量的评价信息；二是从学生的“写”中获得清晰的评价信息；三是观察学生表现，包括学生在对测验与任务的完成情况，也包括学生学习中的动作、表情等各种表现；四是批阅学生作业（作品），其中保存着学生的学习轨迹与学习证据事实。

（三）任务方式多元

效度和信度是“评价任务”设计的两个关键指标。所谓效度是指测量工具或手段所能够准确测出所需测量的事物的程度。“评价任务”的效度往往借助“评价任务”本身的内容来实现，主要考察检测内容与目标的吻合度。而信度是指多次检测的结果一致性，是反映评价结果免受测量误差影响的程度，是衡量评价一致性的指标，它可以采用同样或等效的方法对同一对象进行重复测量。要提高“评价任务”的效度与信度，需对“评价任务”进行多元化设计，可以采取以下策略：

第一，“评价任务”的设计，要基于学生实际，设置合理的情境、题型，确保命题背景的公平性，突出检测的针对性，以提高效度。

第二，同一“学习目标”需设置多角度的不同的“评价任务”，考察学生对概念的理解是否全面、深刻，能否在变换的情境下继续正确回答问题，以提高信度。

第三，“评价任务”要充分体现学生的差异性，如有的学生对语言比较敏感，有的学生对图形或表格比较敏感，有的学生对实验现象比较敏感等，为此“评价任务”的设计可以体现多样性和发展性，只要是能够根据其行为来收集是否学会的证据的“评价任务”形式，都可以采纳。

（四）描述清晰可执行

明晰的评价任务具有“导学”的功能，其描述的是“要求学生做什么”、“怎样做”以确保“做得怎样”。因此，在设计“评价任务”时，要把握好“评价任务”的指导语，使“评价任务”清晰可执行。要让学生一看就明了：要我做什么？要我怎么做？

如“评价任务”指导语“请思考下列问题，再与同桌交流”、“观察表格内的数据，你有什么发现？”诸如之类，学生很容易理解。

评价任务的描述要做到语言清晰、情境真实、言简意赅,基于学生原有知识经验。反之,如果教师设计的评价任务模糊不清,学生不知道在课堂上说什么、读什么、写什么,我们就难以得到清晰的评价信息。

总之,评价任务不等同于教学任务,也不等同于课后作业,它有着明确的指向性,引领教与学。它不仅为教师了解自己的教学效果提供依据,还为学生了解自己的学习情况提供证据。有了评价,无论是教还是学,都将更有方向感。

03 如何撰写“资源与建议”以提供学习支架?

胡水林

学习是一个人终身获得知识、取得经验并将知识、经验转化为行为的重要途径。学法,就是人们在学习过程中所采用的手段和方法。[①] 人类最有价值的知识是关于方法的知识,学法科学,则事半功倍,否则事倍功半。“资源与建议”就是告诉学生如何学习的一种方法性知识,学历案将它列为学习过程的一个起始环节,目的是为学生自主学习提供指导与建议。

一、何为“资源与建议”?

所谓“资源与建议”,是指导学生在学习过程中达成目标的资源、路径、前备知识的提示语,是学历案的核心要素“学习过程”中的第一个学习环节,是引领学生学习的“导学图”。

传统教案没有“资源与建议”,学生进入课堂以后对本节课要学什么、为何学以及怎样学可谓是一头雾水。课堂上只见老师在“表演”,学生的思维永远被老师牵着走,不知道老师的下一幕“戏”是什么,更不知道老师为什么要这样做。因此,一节课下来,学生对所学知识缺乏整体、系统的感知,也不知道自己掌握的程度是否符合目标要求。基于此,学历案中设计了“资源与建议”,旨在让学生明确所学内容的地位与作用,应该怎样去学习;可能会遇到哪些困难,应该怎样去克服;如何判断自己是否学会等,为学生提供一个

① 周九评.就学法给高中学生的建议[J].科学咨询:教育科研,2004(9):11-12.

整体而有序的学习思路。学生有了“资源与建议”，就犹如游客在游览景区前得到了一张清晰的“导游图”，他可以先了解一下景区的主要景点及其位置，然后根据自己的需求规划游览路线。教师在新课开始前，指导学生花2分钟左右的时间阅读“资源与建议”，使其对将要学习的内容有一个整体而清晰的认识，然后，学生可以依托这张“导学图”，沿着学历案提供的路径去学习。如此，学生明确了学习的方向，清晰了学习的路径，了解了学习的重难点以及突破的方法，学习过程就不再是一个神秘的“暗箱”；如此，学生就掌握了学习的主动权，变“蒙着方向跟着走”为“明确目标自己走”，从而进入“真学习”、“在学习”，实现了学生学习方式的变革。

二、“教材分析”的革命：“资源与建议”

在学历案研究之前，“资源与建议”是一件几乎从未出现过的新生事物。起初，我们心中对“资源与建议”到底应该怎么写并没有底，唯一的办法只能在实践中不断地尝试，不断地向“用户”——学生征求意见，在实践中探索，在探索中总结，在总结中提高，最后一步步形成了合理可行的框架模式。

下面以“椭圆及其标准方程”的“资源与建议”的撰写为例加以说明。

【第一稿】

本节课隶属于人教A版高中数学选修2-1，§2.2.1椭圆及其标准方程，在教材第38页至第43页。椭圆及其标准方程是我们在学过坐标平面上的圆的方程基础上，运用“曲线和方程”理论解决具体的二次曲线的又一实例。从知识上讲，它是解析法的进一步运用，同时它也是进一步研究椭圆几何性质的基础；从方法上讲，它为我们研究双曲线、抛物线这两种圆锥曲线提供了基本模式；从教材编排上讲，现行教材中把三种圆锥曲线独编一章，更突出了椭圆的重要地位。后继课程中的双曲线、抛物线概念，都可以用椭圆概念来类比，椭圆方程的标准形式与后继课程中的双曲线方程的标准形式有容易混淆的地方，若对它的特点认识不清，就会影响对双曲线的掌握。因此本节课有着承前启后的作用。

我们首先让学生阅读并感受“资源与建议”，然后，我们开展了抽样调查和访谈，了解学生阅读以后的感受。学生对本“资源与建议”的评价是：看了以后依然存在着许多困惑，这样的“资源与建议”太笼统，可操作性不强，对学习的指导意义不大。理由是：“资源与建议”没有将我们所期望知道的信息告诉我们，比如，将要学习的知识的重点、难点是什么，应该怎样学才可能学得好一点、轻松一点，学习的路径和方法应该是怎样的，如何判断自己学得好不好，等等。从学生的意见中我们感到前面所提供的“资源与建议”确实有问题，没有实现我们的预期——“导学图”的作用。

随后，课题组组织教师进行反思。讨论中大家发现“资源与建议”中像“从知识上……方法上……教材编排上……”这样的表述，对教师而言自然是清楚的，但对学生来讲却未必清楚，因为这种表述太专业，学生看上去有点云里雾里。于是，大家一致肯定学生的意见不无道理，这样的“资源与建议”是设计者的站位角度没有“革命”，他仍站位在“教案”上写“教材分析”，而不是在“学历案”上写“资源与建议”。

为了让学生能看得明白、用得自如，我们对该“资源与建议”进行了四次大的修改。每改一次，我们都征求学生的意见，使之渐臻完善。下面请看我们反复修改后的第五稿情况。

【第五稿】

1. 本学习主题的内容为：§2.2.1 椭圆及其标准方程，人教 A 版高中数学选修 2-1(2007 年版)，P38—43。(2 课时)

2. 椭圆是圆锥曲线——椭圆、双曲线、抛物线中的第一类曲线，是学习双曲线的前备知识，是高考解答题检测的重要内容；之前学习了圆，可以借鉴研究圆的思路与方法来研究椭圆；求曲线方程的一般步骤是本主题中探究椭圆标准方程的基础。

3. 本主题的学习按以下流程进行：椭圆定义→标准方程推导→简单应用。

4. 本主题的重点是椭圆定义的获得和应用、根据条件求椭圆标准方程和“坐标法”、“转移代入法”的应用；难点是椭圆标准方程的推导和化简。你可以通过任务 1 和任务 2 完成椭圆标准方程的推导，并通过思考 5 辨析椭圆标准方程来突破本节课的难点。

5. 你可以通过评价任务检测题的完成情况来判断自己对学习目标的掌握程度。本节课提供的A组练习(作业)是合格标准,B组练习(作业)是较高要求,供你选择。

通过对比,不难发现第五稿的特点:首先,让学生明白本学习主题内容是从哪里来,要到哪里去,所学内容处于什么样的知识系统之中,它的地位与作用是什么;其次,明确告知学生重点、难点是什么,应该怎样去突破;第三,明确本主题应该按怎样的路径去学习才能事半功倍;第四,如何判断自己是否学会了;第五,为学生提供了一个整体的知识框架和学习思路。学生使用后的评价也基本证实了我们的预判,实现了我们的期望目标。

三、"资源与建议"的撰写要领

经历了以上实践,我们总结出了如下"资源与建议"的撰写要领:

(一)"资源与建议"的表述方式

教师在设计"资源与建议"时要转变角色,坚持学生立场,表述方式必须避免使用过分专业的教师语言,力求通俗易懂、简洁明了,不能给学生的阅读、理解造成困难。此外,"资源与建议"一般是让学生在课堂上自学的,教师给学生的自学时间大约在2分钟左右,所以,"资源与建议"的字数必须控制,不能太长,浪费学生课堂学习的时间。

(二)"资源与建议"的构成要素

"资源与建议"没有固定的标准,没有最好,只有更好。我们在实践中总结出了"资源与建议"至少应该包含的下面几个要素:

1. 标明资源的位置

"资源与建议"的"第1点"应首先标明本学习主题内容在教材中所处的位置。因为教材是专家根据课程标准精心设计并用于学科教学的主要蓝本,是课程育人的重要载体。华东师范大学钟启泉教授指出:"教材是中小学校教师创造性地实施教学可以依赖的最直接、最主要的课程资源。”①使用学历案教学，并不排除教材，它倡导教师应该用教材教，而不是教教材。为了有利于学生学习，教师可以对教材进行编排、重组和改造。但教材有不同的版本，版本与版本之间内容差异很大。因此，在“资源与建议”中指明本主题内容在教材中的位置，注明它在教材的第几章、第几节、第几页等信息。另一方面，如有需要时，还应注明与本主题有关的教辅资料、补充材料、网络课程资源等的位置，方便学生查找和使用。

需要指出的是，在后来的学历案编写中，为了使“资源与建议”更加精致、精炼，我们将“资源与建议”的“第 1 点”——所学内容在教材中的位置前移至学历案的开头，即学习主题的后面，并在课堂上让教师以口头形式告知学生。

2. 阐明地位与作用

学生学习新知的过程是沟通已知与未知、构建与丰富知识网络结构的过程。因此，“资源与建议”应阐明本主题所学内容在本学科知识体系中的地位与作用，包括前面学过什么，后面接着要学的是什么，它与未来学习内容的关系，以及对学生今后的发展、形成学科关键能力和核心素养的影响等。这样做，一方面让学生在开始学习之前就对所学内容地位、意义和价值有一个比较清晰的了解，激发求索新知的好奇心；另一方面让学生对所学知识有一个整体的感知，能够从系统的角度去看待所学内容，从而引导学生主动而自觉地构建以致丰富原有的知识体系，使新学的知识点迅速结构化、网络化，避免以往学习中的“只见树木，不见森林”现象。

3. 指明学习路径

知识的获得是需要路径的。学习是一个循序渐进的过程，新知识的获得需要前备知识的铺垫，并按照一定的程序进行。常见的学习路径有：(1)循序渐进式，如语文学习“首先从文字入手，进而赏析文章，终而思考、品鉴文化意义”。(2)串联关系式，如通用技术学习“完成结构分析一，了解结构设计应考虑的诸多因素及技术标准对于结构设计的意义→完成结构分析二，通过对真实产品结构的分析，感受设计师是如何围绕功能和稳固性进行结构设计的”。(3)并联关系式，如生物学习“完成活动一基因重组，体会生

① 钟启泉.从《课程标准》的要素谈什么是“好教材”[J].基础教育课程，2011(9)：68.

物多样性主要原因→完成活动二基因突变,体会生物变异的根本来源→分析活动三染色体结构变异模型→探究活动四染色体数目变异的原因→通过活动五构建染色体组、二倍体、多倍体、单倍体的概念”。(4)综合应用式,如化学学习“氯元素在自然界中的主要存在形式→氯气的发现史→氯气的实验室制法→氯气的工业制法→氯气的物理性质→氯气的化学性质→氯气的用途”。这也是今后学习元素化合物知识的经典流程。氯气的实验室制法与工业制法、氯气的物理性质与化学性质等之间是并联关系,而整体则是串联关系。

鉴于此,在“资源与建议”中应指明本主题的学习路径,让学生预知整个知识学习的大致流程,需经历哪几个环节,这些环节之间有怎样的关系等。这样有利于学生精力的科学分配和学习活动的自主安排,能有目的地投入到各学习环节中去,使学习更加有的放矢。

4. 点明重难点及其突破策略

学习重点是由本主题的知识内容本身决定的,而难点是指学生不易理解的知识点或不易掌握的技能。重点与难点并不截然分开,更多时候,重点即难点,而难点也往往是重点。如果某一个知识既是重点,又是难点,那么它的重要性就不言而喻。通常情况下,使大多数学生感到困难的内容主要体现在两个方面:一是知识的深度,学生能力够不着;二是新知与已有经验的联系不紧密,无法用原有的经验来同化、吸收新知。因此,“资源与建议”指出所学知识的重点和难点,给出突破难点的建议,目的是要让学生做到心中有数,为其下一步更有针对性的学习奠定基础。

5. 说明评价标准

会对自己学习结果做出准确的判断,是一个学生学习力的一个重要标志。“资源与建议”告知学生在本主题的学习之后,通过完成哪些“评价任务”来判断自己是否过关,包括“合格”标准和较高“标准”,让学生真正成为一个学习上的“明白人”,清楚地认识自己的真实水平,减少学习的盲目性,增强学习的自主性。

在说明评价标准的同时,“资源与建议”也告知学生哪些练习是必做的,哪些练习是可以选择的,让学生在学习中学会选择。有时,对选做题还可以提出特别要求,比如“在以下 4 题中至少选择完成 2 题”等。

总而言之,“资源与建议”应让 95%以上的学生看了以后能够清楚:究竟要学什么,为什么要学,应该怎么去学,如何判断自己是否学会;让一半左右的学生能根据“资源与建议”,按照学历案提供的路径进行自主学习,主攻本主题的难点,使学习更具针对性。当然,也会有部分学生,即使有了“资源与建议”,自主学习仍然有困难,需要老师的讲授、帮助与指导,这也在情理之中。因为学历案依然只是一种提供学习的载体,只是它为学生的自主学习提供了多一点的“脚手架”,并不排斥教师的讲授,更不具备“包学包会”的功能。

学历案的诞生是对传统教案的一场革命。相信学历案,客观评价学历案,是推广、用好学历案的前提,愿学历案能够在我们的实践中成为实现课堂变革、提升学生学习力的有效载体。

04 如何设计"学习过程"以实现"真学习"？

王　静、王法明

学历案是教师基于"课程标准"、根据班级学生实际、为便于学生学习而专门设计的微课程方案。① 正因为学历案强调的是基于"标准"的教学，所以，它的设计思路是"逆推"的，即先定目标，再定评价任务，然后才设计学习过程。学习过程中最核心的是"课中学习"，即学习和评价活动的设计。在明确了学习目标和评价任务之后，我们就要考虑如何让学生有更好的学习表现，即我们要设计怎样的学习活动才能使学生达成学习目标，甚至表现得更好。②

下面结合实例，我们谈谈如何设计学历案的"学习过程"。

一、学习过程的含义

学习过程是指学生在教学情境中通过与教师、同学以及教学信息的相互作用获得知识、技能和态度的过程。学习不是一蹴而就的，而是一个需要不断积累、循序渐进的过程。因此，要实施学习，首先应该经历学习的过程。如果忽视了学习过程，就很容易让学习流于形式，达不到良好的学习效果。③

认知心理学认为："学习是一种主体参与情境而持续建构的过程，学习

---

① 崔允漷. 基于课程标准的学历案研究[R]. 内部资料，2015，(3)：5.

② 崔允漷. 有效教学[M]. 上海：华东师范大学出版社，2009：119.

③ Jiang, Lin. The connotation, process and meaning of the learning. Proceedings of the 2011 3rd International Conference on Information Technology and Scientific Management(ICITSM, 2011)：2752 - 2754.

是作为主体的学生亲力亲为的过程。”[①]没有学习经历的学习等于不学习,或者说不是“真学习”。学历案的特点就在于重视学习过程,强调应尽可能让学生经历完整的知识发现、形成、应用的全过程。通过这个过程,有利于学生深刻地把握知识的本质,习得科学方法与技能,形成科学态度和价值观,进而提高学科素养。

二、学习过程的分类

学习目标是学历案教学的灵魂,它既是教学的出发点也是归宿,规定了教与学的方向,支配着教与学的全过程。学习过程的设计要紧扣学习目标的三个维度来展开,可以说,“知识与技能”维度的目标立足于让学生学会,“过程与方法”维度的目标立足于让学生会学,“情感、态度与价值观”维度的目标立足于让学生乐学。[②]

(一) 指向概念的知识获得过程

概念是人们对事物本质的认识,是逻辑思维的最基本单元和形式。科学认识的主要成果就是形成和发展概念。无论在学科学习中,还是在日常生活中,概念学习都居于极其重要的地位。概念的最基本特征是它的抽象性和概括性,因为概念的类型不同,有效的学习方法也不同。一般认为,具体概念的学习适合采用概念形成策略,即先从例证的辨别出发,然后逐渐发现概念的本质属性的这样一种学习方式。定义性概念的学习一般采用概念同化的方式,即先理解概念的涵义、概念的本质特征,然后用适量的典型例子作分析说明。

具体概念和定义性概念的学习方法不能颠倒。如果颠倒了,就会导致学习效率大大降低,事倍功半。学历案中的概念学习也应使用恰当方法,遵循概念认知的一般规律。例如设计生物学历案“变异的来源”一节时,对于“染色体组”这个具体概念,就更适合用概念形成策略来设计学习活动。如果使用传统的定义性概念学习的方法,效果则会大打折扣。

---

① 徐敏亚.数学课堂让学生经历真学习[J].中学数学教学参考,2015(5):15-16.
② 崔允漷.有效教学[M].上海:华东师范大学出版社,2010:94.

【案例1】

表4-1 “染色体组”概念学习过程设计比较

环节	传统教案设计	评价	学历案活动设计	评价	比较后的思考
“染色体组”概念学习	先用PPT呈现染色体组的概念,接着寻找概念中的关键词,再以雌、雄果蝇体细胞和生殖细胞为例,一一分析染色体组的特征,帮助学生理解染色体组的概念。	传统教案采用定义性概念学习方法。以教师的教为主导,学生以听讲的方式被动学习,习得过程枯燥,学生对概念理解不深刻,易遗忘。	1. 动动手:请画出果蝇卵细胞和精子的染色体组成图。 2. 动动脑:小组围绕各自的绘图继续探讨5个问题(略)。 3. 请你尝试构建染色体组的概念(填空)。	“学历案”活动设计采用概念形成策略。学生在经历具体的学习活动后,主动找出概念的几个特征,并加以归纳、总结,构建完整的概念。	经历概念的形成过程有助于变被动学习为主动学习,由接受学习转为发现学习。主动习得的知识在大脑中停留的时间相对要长久,习得过程也更加生动、有趣。

(二)指向技能的习得过程

技能是指通过练习形成的运用知识经验,顺利完成某种活动的自动化与完善化的操作活动方式。简单地说,技能就是在解决问题时所需要的技巧、能力。具备一定的技能,就拥有了适应新环境、解决新问题的能力。而这种能力将伴随一生,任何时候都能为之所用。授之以鱼不如授之以渔,无论在学习还是生活中,技能的习得和培养都至关重要。我们在设计学历案的活动时,也要尽可能地将技能习得的过程还给学生,让学生学会学习。

【案例2】

在设计“生物变异的来源”这份学历案时,我们制定了五个学习目标,其中目标4是“通过对比分析细胞分裂模式图,探究染色体非整倍体变异的原因与结果,体会环境保护对生物健康的重要意义”。在学习生物的过程中,建模是非常重要的学科思想,建模能力被认为是将来学生从事科学研究的必备能力。为培养学生分析、构建、运用模型的技能,我们深入挖掘教材以外的课程资源,并设计了与这一技能培养相匹配的学习活动。

主题:探寻染色体数目变异的原因

活动:请试着从细胞分裂的角度,探讨细胞后代染色体数目变异的可能性原因。

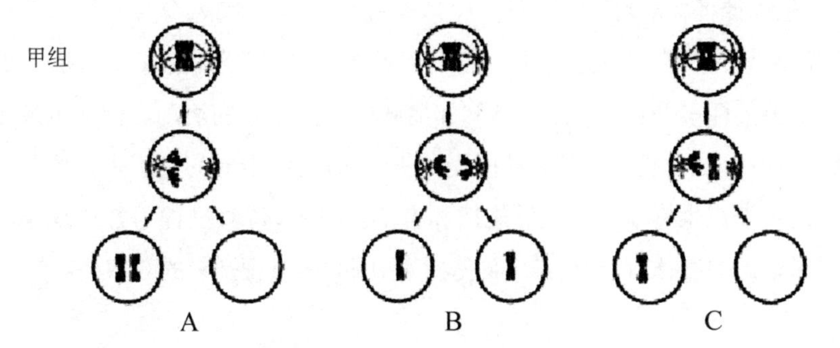

图 4-1　甲组细胞分裂模式图

要求：在小组讨论的基础上，回答下列问题：

Ⅰ. 甲组中的哪些细胞是正常分裂的，哪些是异常的？

Ⅱ. 导致细胞异常分裂的原因是什么，发生在什么时间？细胞异常分裂会产生怎样的结果？

思维拓展：

你还能猜想出其他导致染色体数目变异的可能性原因吗？请补充完成下图，并说说细胞分裂异常的原因及其结果。

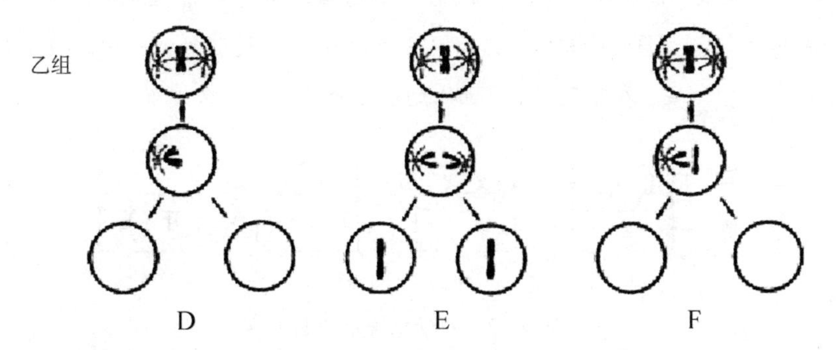

图 4-2　乙组细胞分裂模式图

设计说明：为帮助学生从细胞水平理解亲代正常而子代染色体数目异常的根本原因，我们设计了细胞分裂模式图。学生在对甲组细胞图的处理过程中，能训练模型分析的能力；接着再试图完成乙组细胞图，尝试新的模型构建。二者在知识和方法上具有延续性，在思维难度上有递进性，能很好地提升学生析模、建模、用模的能力。而这种能力也能被迁移、转化，运用到其他科学研究领域，内化为核心素养的一部分。

（三）指向过程与方法的体验经历

《生物课程标准》提出，要让学生体验观察、实验、比较、分析和综合等科学方法及其在科学研究过程中的应用。所谓体验，就是个体主动亲历或虚拟地亲历某件事并获得相应的认知和情感的直接经验的活动。让学生亲历经验，不但有助于通过多种活动探究和获取知识，更重要的是学生在体验中能够逐步掌握生物学习的一般规律和方法。可见，体验过程与方法是学生获得新知识的载体，过程与结果同等重要，因此要重视知识的获取经历。

【案例 3】

生物学历案“细胞膜——构建细胞膜的结构”

学习目标：结合材料和科学足迹，尝试举例说明细胞膜有选择透性，归纳质膜结构模型的基本内容，体会建立模型是解决问题的科学方法之一。

任务 1：结合教材 P29—30，讨论完成以下填空和问题。

(1) 细胞膜的脂质包括了“柔性”的________和“刚性”的________，其中，前者包括了一个________头部（亲____）和一个________尾部（亲____）；后者的作用是使细胞膜比较________。

科学足迹：科学家用丙酮将细胞膜中的磷脂提取出来，在空气—水界面上铺成单分子层，测得该面积恰好为细胞表面积的 2 倍，说明细胞膜中的磷脂分子是________层。在空气—水界面上的磷脂分子层是怎么排布的？（　　）

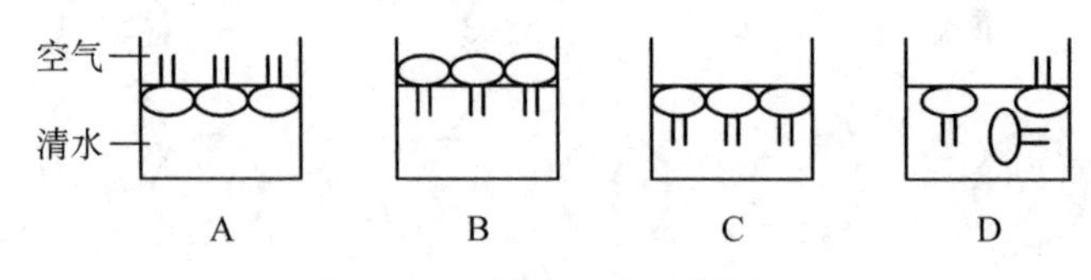

图 4-3　科学足迹示意图 1

(2) 已知细胞膜的内、外两侧都是以水为主的环境，则细胞膜中的磷脂分子应该如何排布？请在右边方框中作图。

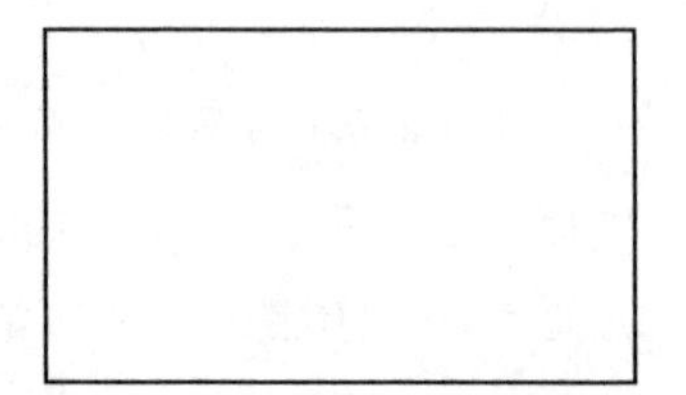

图 4-4　科学足迹示意图 2

科学足迹：科学家通过对细胞膜的化学成分深入分析发现，细胞膜会被蛋白酶分解，由此可知，细胞膜的另外一个成分是____

____。

任务 2：细读教材 P30—31 回答以下填空。

(1) 和磷脂分子一样，蛋白质也有____部分和____部分。

(2) 蛋白质在细胞膜中的排布包括：有的________，有的________，还有的________。（请在右上图中补充蛋白质的分布）（图略）

科学足迹：科学研究进一步发现，细胞膜除了上述两大成分以外，还有一种物质，该物质的元素组成为 C、H、O，一般分布在细胞膜的外侧。那么，该物质是什么呢？

任务 3：据教材 P30 的图文信息，完成以下填空。

(1) 该物质与蛋白质结合可以形成________，与磷脂结合形成________。

(2) 请将该物质补充到右上图。（图略）

设计说明：在设计“细胞膜结构”的学习活动时，教师并没有采取传统的讲授方式，一股脑呈现出结构模型，而是为学生提供一些重要的科学研究史，让学生顺着科学家探索的足迹，一步一步揭开细胞膜的面纱。在对史料的自主分析和与教材的对比中，学生逐步摸索、修正、建构心目中真正的细胞膜结构模型。亲自体验过这一学习经历之后，学生不仅深刻认识到质膜的结构特点，更体会到了建立模型是解决问题的重要方法，继而感受到科学发现带来的无穷乐趣。

（四）指向情感、态度、价值观的内化过程

党的十八大提出，“立德树人”是教育的根本任务，要将它落实、落细、落微。作为学科教师就要落实第三维目标——情感、态度与价值观，把“立德树人”的总要求变得具有可操作性，变得更加具体。那么如何在学习过程中设计第三维目标呢？正如建构主义教学理论所说，社会性的互动可以促进学习。教师考虑到学生已有的社会（学习）经历，提供感性的学习资源，进行活动设计，引导进一步发现学习、合作探究，促进学生在活动中互动共鸣，合作共享。

【案例4】

实现人生的价值

设计说明：利用一节课举办“文化沙龙”，围绕“马永顺：从伐树英雄到植树英雄”展开沙龙讨论。沙龙的理论支撑：“实现人生的价值”一课。

沙龙前准备：1. 全班自由组合，6—7人一组，选出组长，确定发言人、文献查找人、点评者、记录员等；2. 文献资料准备；3. PPT展示准备；4. 理论准备：“价值与价值观”、“价值判断与价值选择”、“价值的创造与实现”的知识。

沙龙规则：围绕以下任务，小组合作探究，讨论记录本组观点，组长代表小组发言，观点不同可相互辩论或评价，最后教师进行点评。

(1) 你如何看待马永顺的“两个时代”？

(2) 你如何评价“两个时代的英雄”？

(3) 如果你是马永顺，你如何看待自己前后半生的作为？

……

文化沙龙思想碰撞汇集：

表4-2 沙龙研讨记录表

观点	理论依据	相互评价	教师评价
观点1：批判了马永顺的前半生，并联系目前在经济领域中存在的急功近利、杀鸡取卵的经济行为。	价值观的导向作用：错误价值观对人们的行为具有重要的驱动、制约和导向作用。	认为马永顺顺应时代潮流，价值选择与价值判断具有社会历史性，不能用现在的价值观来评判过去的行为。	对每个小组的发言与表现作了评价，肯定了大家为沙龙付出的努力，并对每组观点进行点评，肯定合理的观点，指出不甚合理的观点。引导学生结合自身的思想实际、学习实际来感悟理论与实际相碰撞的魅力……
观点2：马永顺与整个社会的生态价值观的变化，党和国家提出科学发展观的重要性。	生态价值观、科学发展观的提出，符合价值判断与价值选择的两个标准。	认为只有遵循客观规律，心中牢记人民利益，站在最广大人民的立场上，才能作出正确的价值判断与选择。	
观点3：对马永顺个人人生价值观的评价，以及践行“马永顺式”的人生价值观。	人的价值体现；价值的创造与实现。	认为每个时代有每个时代的英雄，他们所秉承的人生价值均有共同点：创造价值。	
观点4：马永顺的具体奉献行为具有不可复制性，但创造与实现价值必须通过劳动与奉献来实现。	价值的创造与实现。	认为在创造实现价值时，要处理好个人与社会的关系，要苦练内功。	
观点5：……	……	……	

价值观的形成，不同于知识的习得，而是要形成什么事可以做，什么事不能做，什么事值得做的价值取向。这种意义的获得，靠灌输或说教是不行的，它需要经历、体验、思辨和感悟，让学生在不同观点的碰撞中，尝试判断，能够逐步区分对、错、真、假、美、丑，最后形成观念。以上例子说明，不同的学习目标，需要通过不同的过程与方法去学习，唯有正确的过程与方法，才能帮助学生实现学习的意义。

三、学习过程设计应该注意的原则

（一）资源选配要指向学习目标

学习目标是教师对“课程标准”的一种文本化的解读，它是教学的出发点和归宿，犹如教学的灵魂，规定教与学的方向，支配着教与学的全过程。因此，课程资源的选配必须紧扣目标，确保其针对性和有效性，杜绝“东拼西凑”式的随意性。

对高中教师来讲，教材无疑是最主要的课程资源。但我们用教材不等于唯教材，因为单纯地以教材作为学习资源，难免会固化学生的思维，阻碍科学认知的发展。因此，在用好教材的同时，还要注意挖掘其他课程资源，用作补充。教师应结合自己对学习目标的理解、学情状况、学校的课程资源，对教材进行加工处理。对有助于目标实现，但教材上又没有的课程资源应该适当补充。例如前文提到的案例2，就是教师依据自己对学习目标的理解，添加补充的学习内容。

（二）把知识建构的过程还给学生

建构主义学习理论认为，学习是一个积极主动的建构过程，学生不是被动地接受外在信息，而是根据先前的认知结构主动和有选择地感知外在信息，建构当前事物的意义。因此，学历案的活动设计希望通过展示学科知识发生、发展的过程，充分调动学生的思维，让学生亲自经历和体验，成为知识的主动建构者。

 【案例5】

表4-3 “基因突变的结果”学习过程设计比较

环节	传统教学设计	评价	“学历案”活动设计	评价	比较后的思考
基因突变的结果	教师在黑板上演示碱基对增加、缺失、替换的三种情况，以问答的方式和学生一起判断基因突变的结果。	学生在教师的带领下完成任务，思路受到限制，学习方式仍属被动接受。	教师精心设计小组活动，每组完成一种情况的分析，经历推理、查阅工具等过程，最后小组汇报，分享学习成果。	学生通过分析问题、解决问题，体验到科学知识形成、发展的一般过程，感受到科学探索的乐趣。	对于一些难点知识，教师可以寻找、搭建适合学生攀爬的“脚手架”，以促进学习的主动发生和发展。自主建构的过程能带来更大的学习价值和更高的成就感。

（三）活动设计必须遵循“学”的逻辑

所谓学历案，是“教师为了便于儿童自主或社会建构知识，围绕某一学习单位，进行专门设计的学习过程的方案”①。和传统教案相比，其最大的差别在于，学历案从关注“教”转向了关注“学”和“学会”，它呈现的是一个学生自主学习的完整经历，体现的是学生学得精彩而非教师教得精彩。因此，学历案的活动设计就要从有利于学生学习的角度出发，按照学的逻辑来设计学习活动。

第一，要明确内容的呈现要求——学生立场。教案的用户是教师，只要教师看得懂就行；学历案的用户是学生，必须学生能看懂才可以。教师的知识结构与学生的知识结构是不一样的，所以教案可以比较简单，但是学历案的内容呈现必须照顾学生的认知特点和水平，能够给学生提供有利于自主学习的“脚手架”。

第二，要坚持从学生已有经验出发——层次递进。在编写学历案时，教师要认真研究学情，明确学生的起点在哪里，要对所有课程资源的背景、起点进行评估，必要时还需补充“先行组织者”的学习材料。同时对照学习目标和评价任务，学历案要为学生提供合适的可供选择的学习路径。此外，还要研究学习内容的层次性，将难易不一、杂乱无序的学习内容整理成有序的、阶梯性的、符合各层次学生认知规律的学习材料。

---

① 崔允漷. 学历案：何去何从[R]. 内部资料，2014-8：21.

第三，倡导问题驱动学习——以问导学。学历案的活动推进通常采用问题驱动的方式。以政治学历案设计为例，先将知识点转变为探索性的问题点、能力点，通过设计问题串，层层深入，恰当地采取释疑解惑、循循善诱的方式，帮助他们认同正确的价值标准、把握正确的政治方向，提升学生的政治核心素养。

【案例6】

用对立统一的观点看问题

在教学中，设计者引用了漫画《硬套》，围绕漫画设计以下问题串供学生讨论，设计问题体现了问题驱动的意识，层层深入：

图4-5　漫画作品《硬套》

(1) 挥动锤子的人错误在哪里？

(2) 你在学习、生活中有没有犯类似的错误？

(3) 这幅漫画是不是在讽刺这种经验？

(4) 是不是告诉人们不应当推广经验？

(5) 有没有讽刺那些被套的人？

设计说明：第(1)问围绕着漫画的主角"挥锤人"，得出"分析矛盾的特殊性，进行具体问题具体分析"的方法论。举例论证常见误区有：举例很多，深入不够，评判观点单一，浅尝辄止。而在学历案设计中，围绕漫画还设计了后面4个问题。第(2)问使学生由外而内，由人及己，反思自我是否存在类似的问题。课上有学生就回答："我在做数学题目时乱套公式，就像挥锤的人。"这说明学生已经能够理论联系实际，活学活用了。这有利于培养学生的批判、反思等"理性精神"。第(3)、第(4)两问跳出漫画的主旨，在更宽阔的视野里讨论"具体问题具体分析"的方法论意义。"讽刺经验"、"不应推广经验"也是对"具体问题具体分析"的否定，是对这个方法论的进一步讨论。第(5)问围绕漫画的配角"被套的人"展开讨论，问题设计层层推进，引发学生思考，学生的回答也更具有发散性。

在一系列问题串的驱动下，教师"留白"，学生"留痕"。这种方式启发了学生思维，记录了学生学习痕迹，培养了学生的批判精神、思辨能力，使得学生的创新思维在课堂上涌现。教师巧妙的设问将学生的思维引向更为广阔的空间，如果能长期坚持，学生停滞的思维就会变得流畅，一堂哲学课就能成为学生思维的体操，学生的核心素养也可得到培养。

（四）贯彻“学—教—评”一致性

学历案是一种基于“标准”的教学，最终目标达成情况如何，就得由评价来提供证据，而不是自圆其说。因此，学历案的学习过程设计按照一个目标、一个目标地有序推进，完成一个目标的学习任务，随即进行检测，步步为营。当一个目标的内容学完以后，是否立即转入下一个目标内容的学习，必须由评价结果决定，即教师的教学决策应该依据评价结果。这就是所谓的“学—教—评”的一致性。

【案例7】

学习主题：“美苏争锋——两极对峙格局形成的过程”。学习过程设计了2个学习活动：

活动方案(1)：阅读教材相关内容并完成大事年表。

活动方案(2)：根据大事年表的内容，以小组合作的方式设计两极对峙格局形成过程的形势示意图(要求简洁明晰)，每组请派一名代表展示本组的设计并解释设计的理由。

设计说明：设计的学习活动是为完成两项教学任务，一是完成大事年表；二是通过大事年表了解美苏争锋和两极对峙格局形成的过程，在此基础上根据自己的理解，以独特的形式呈现自己所理解的两极对峙格局的描述方式。而教学任务又来自学习目标。

如何评判目标是否达成？教师设计了对应的两项评价任务：完成“大事年表”——运用大事年表梳理美苏两极对峙格局形成的过程；尝试重构两极对峙格局形成过程的知识结构并绘制知识结构示意图。其中前一项“评价任务”使用了动词“梳理”，体现目标的“了解”、“知道”这一层次；而后一项“评价任务”则使用了动词“重构”、“绘制”，体现目标的“掌握”层次的要求，也反映了“提高知识结构化整合的能力，增强自主意识、反思意识、创新意识，感悟和平的来之不易”的“二维”、“三维”目标的要求。评价任务的设计与学习目标的匹配度高，充分体现了“学—教—评”一致性。

综上所述，学历案的“课中学习”一改传统教案的套路，学习过程直截了当地指向学习目标的三个维度，让学生从学会到会学，直至乐学。设计角度顺应“学”的逻辑，变“教”的课堂为“学”的课堂；采用“师留白，生留痕”的策略，将学习经历归还学生，使学习变得主动而充满灵性；合理运用评价反馈，使教学效果能实时监控。学历案让我们感受了一种教学的新常态，让教学的本质得以更好地彰显，让学生真正享有了学习的主动权和创造权。

05 如何撰写与利用“学后反思”？

黄桂凤

“学后反思”是学历案的构成要素之一。苏格拉底曾提出著名的论断：“未经反思的生活，是不值得过的生活。”①其实，未经反思的学习，至少也是不完善的学习。学历案将“学后反思”作为一个学习环节，学生不仅可以利用学历案进行课堂学习，而且可以利用学历案进行课外学习，丰富了课外学习的内容与方式。有了这样的学习环节，知识学习将变得更加深刻而有意义。

一、何为“学后反思”？

（一）“学后反思”的概念

美国著名哲学家、教育家杜威(J. Dewey)早在20世纪30年代，就提出了反思的概念。他认为，在人的各种思维形式中，最好的是反省思维。反省思维就是“对于任何信任或假设，按照其所依据的基础和进一步导出的结论，去进行主动的、持续的和周密的思考”②。反思不同于一般的思考，是有深度的、循序渐进的、促进自我发展的思考。反思本身就是一种学习。所谓“学后反思”是指学生基于自身的学习经历，在课后对自己的学习行为和表现的解析和修正，进而完善知识建构，发现自身问题，寻求补救策略，提升学习能力的过程。

---

① 崔允漷.有效教学[M].上海：华东师范大学出版社，2009：302.

② [美]杜威.我们怎样思维·经验与教育[M].姜文闵，译.人民教育出版社，1991：6.

（二）“学后反思”的基本特征

“学后反思”是学历案的一个基本要素，也是主题学习的最后一个环节，其形式是要求学生课后完成的一个复杂的纸笔任务，包括对所学知识和学习策略的梳理，诊断自身的问题，总结值得与同学分享的观点或成果，发出求助信息等。“学后反思”的特征主要表现在三个方面：一是实践性，它是学生经历了课堂实践后，对自己学习实践的总结与梳理，即反思源于实践。二是针对性，它是学生对自己的学习过程或结果的一次诊断，判断自己哪些知识掌握得比较好，还存在什么问题没解决，即反思针对经验与问题。三是交流性，一方面学生可以将自己的观点或经验通过“学后反思”这个平台反馈给教师，进而通过教师与同学分享，另一方面也可以诉说自己遇到的困难，寻求教师或同学的帮助，即反思是一种可传播的信息。

（三）“学后反思”的意义和价值

“学后反思”的作用主要表现在以下方面：

对学生而言，“学后反思”的价值体现在三个方面：一是延伸学习经历，拓展学习过程。具体地说，就是学生学完新课之后对所学知识、思想方法进行一次梳理，对学习过程中取得的经验或存在的问题进行一次总结，把反思的结果叙写下来。这是学习的一种经历，是一般知识学习中所没有的经历，能够实现对所学知识的深度加工；它也是一种主动复习的学习行为，有利于加深对知识的理解。二是养成反思的习惯，提高元认知水平。在新课之后让学生反思一下自己是怎么学会的，这是一种对自己认知策略的追问，有助于提高自己的元认知水平。如数学教学中，有经验的教师总是教导学生要养成“做一题，想一想”的习惯，因为这种习惯一旦养成，学生的思维方式也会发生改变，进而能够形成自己的学习风格。三是让学生学会知识管理，促进知识的结构化。其实，做“学后反思”的过程就是一种知识管理的过程。所谓知识管理是指将碎片化的知识通过整理、归类，形成新的结构化的知识体系，使新旧知识的结合更加紧密的过程。这样的知识，方便记忆、提取和运用，能将信息的短时记忆转化为长时记忆。所以，让学生做“学后反思”是非常必要的，它要比多做几道作业题的价值大得多，也更具创造性。

对教师而言，通过“学后反思”，教师可以了解通过常规途径难以获得的学生困惑，及时地为学生提供必要的后续帮助；可以更多地收集到学生的一些创新观点和方法，丰富自己的课程资源。“学后反思”还可以成为师生对话的平台，把教师的鼓励、期许通过批阅“学后反思”传递给学生，增进师生感情，提升学习动力。

下面分享两位学生在学完“等比数列及其前 n 项和(高三一轮复习)”后的“学后反思”。

【案例1】

通过本主题(3课时)的学习，我进一步清晰了等比数列的概念、通项以及性质。课前，我阅读了“学习目标”和“资源与建议”，整体感知了本主题的内容、重点和难点。课中，我将等差数列、等比数列进行了类比，梳理了等比数列的有关知识，既巩固了等差数列，又对等比数列有了初步的认识。其实，最初我对等比数列的概念认识还是比较粗糙的，通过学历案中练习1的学习，才发现了自己的认识偏差，加深了对等比数列的项 $a_n \neq 0$、公比 $q \neq 0$ 的理解，并认识到等差数列公差 $d<0$ 是递减数列，而等比数列中公比 $q<0$ 不是递减数列，两者不能类比，至此澄清了模糊的认识。我还发现在解决等比数列的有关问题时，利用性质“若 $m+n=p+q$，则 $a_m \cdot a_n = a_p \cdot a_q$”，可以减少运算量。在证明一个数列是等比数列时，可以利用定义或等比中项，当使用其中一种方法比较麻烦时，应该立刻换到第二种。

【案例2】

一些经验：(1)注意在含有字母的数列中对字母的讨论；(2)采用“错位相减”法求和时，一定要注意解题步骤，以避免运算错误；(3)使用“裂项相消”法求和时，要注意相消的规律具有对称性，即抵消后前面剩多少项，后面也剩多少项。遇到较为复杂的题目时则需要使用“化归”思想和分类讨论。

学习策略：运用基本的知识点做一些较为简单的题目可以巩固概念；倾听老师讲解，结合观察每一类数列的特征，总结相应的解题方法，有助于提高解题技能；把握常规的解题思路，在做题后归纳总结，有利于形成解题方法，并举一反三；对解题方法基本做到熟练运用，课后再用一定时间进行反思、总结，可以使方法更加得心应手，形成解题技巧。

疑惑：用定义 $\frac{a_n}{a_{n-1}}=q(n\geqslant 2)$ 证明数列 $\{a_n\}$ 为等比数列时，第一项是否一定要检验？

显然，以上两位学生的"学后反思"很不同，说明学生是有差异的，面对同样的内容，他们经历着不同的学习过程，有着不同的收获和感受。他们的"学后反思"是原创的，是一种对学习的真实感悟。以上案例也充分说明了写"学后反思"的必要性。

二、如何引导学生写好"学后反思"

（一）引导学生明确"学后反思"的意义

对于"学后反思"，无论是教师还是学生都要明确其意义，它不是可有可无，而是少它不行，要懂得写好"学后反思"与提高学习能力和学科素养密切相关，提高学生撰写"学后反思"的积极性。由于在传统教学中一般没有"学后反思"这样的环节和要求，最初很多学生不了解、不习惯，不知道"学后反思"也是一种学习。因此，一开始学生往往比较被动，应付了事。此时，教师的引导非常关键。首先明确反思能力的提高是学习力的重要方面，其次说明"学后反思"不仅可以帮助学生回忆课堂、与他人分享，最重要的是能培养自我批判的意识。教师可以通过组织学生交流"学后反思"给自己的学习带来的帮助和收获，用同伴的成功经验、事例引导学生，让学生感受到"这件事值得做"。

（二）帮助学生明确"学后反思"要写什么

在明确了"学后反思"的意义之后，接下来的问题是要让学生写的东西能够符合教师的期望，即写的东西要对学生的成长有用，对教师的教学改进有用。要实现这一点，必须让学生明确写什么，怎么写。那么我们需要一定的"指导语"。

首先，来看一个在没有"指导语"情况下学生写的"学后反思"案例。

【案例3】

数学“等比数列及其前 n 项和(高三第一轮复习)”后的学后反思:“在本主题的学习中,我学会了等比数列的概念,掌握了等比数列的通项公式及其推导方法(累商连乘),掌握了等比数列的前 n 项和公式及其推导方法(错位相减),能够把一些特殊数列化归为等比数列”。

从以上案例可以看出,该学生对“学后反思”没有深刻理解,写的内容只停留在表面,与【案例1】、【案例2】相比差距较大。这样的“学后反思”写与不写无所谓,没有太大价值。实践证明,写“学后反思”需要一定的指导语。于是我们着手研究“指导语”的结构与表达方式,以帮助学生理解“学后反思”的内涵。

以数学学历案为例,我们为“指导语”拟定的统一体例是:“请尝试画出本主题学习的概念图,或写下自己需要求助的困惑,或分享何以学会的策略等。”在具体的操作过程中,为了帮助学生理解,教师可以对“指导语”进行适当的解释,如数学教师可以说:“请你梳理本主题的主要知识点、重要数学思想和数学方法。你是通过什么策略或方法学会这些知识的?还存在什么问题或困惑,需要老师提供何种帮助?有什么好的经验可以跟大家分享?你可以选择其中一点或几点写在‘学后反思’处。”

事实上,不同学科的“指导语”可以有所差异,教师也可以根据不同的学习主题适当地改变“指导语”的内容。一般地,“指导语”应该从三个方面做好引导:一是对什么进行梳理或总结;二是查找问题、记录或指出自己学习过程中遇到的问题或困惑,提出需要寻求何种帮助;三是分享经验,即自己的哪些东西值得与他人分享。教师还要指导学生认真阅读“指导语”,在理解的基础上按要求进行撰写。

(三)通过反馈提高学生“学后反思”的撰写质量

“学后反思”是一种学科作文,要提高写作质量,需要借鉴语文学科作文教学的经验与做法。教师要对学生的“学后反思”进行反馈——分享好的写作案例,指出存在的写作问题,指导改进。“学后反思”的难点是回答“我是怎么学会的”。这是一个涉及元认知的问题,教师在这方面要加强引导。高中生具有一定的写作基础和反思能力,所以,只要教师重视案例讲评,学生经历几次实践以后,基本都能达到教师所预期的要求。

三、如何利用“学后反思”

(一) 收集信息,诊断学情

教师通过“学后反思”回收的信息,了解学生学习的经历,发现学生存在的问题。如【案例 1】中学生提到:“课前,我阅读了‘学习目标’和‘资源与建议’,整体感知了本主题的内容、重点和难点。课中,我将等差数列、等比数列进行了类比,梳理了等比数列的有关知识,既巩固了等差数列,又对等比数列有了初步的认识。”从中让教师看到了该生使用学历案的过程,以及他会用类比的方法进行学习,说明该生掌握了该主题的重要学习方法——类比学习。其次,了解学生的学习困惑,将学生的困惑整理出来,判断提出的问题是“个”发,还是“群”发,为后续的教学决策提供证据。如【案例 2】中学生提出的问题:“用定义 $\frac{a_n}{a_{n-1}}=q(n\geqslant 2)$ 证明数列 $\{a_n\}$ 为等比数列时,第一项是否一定要检验?”其实该问题具有一定的普遍性,所以在后续的教学中,教师专门组织学生讨论和讲解,最终解决该问题。

(二) 分享经验,促进学习

学生中蕴藏着很多好的想法和经验,这是教学的宝贵资源。教师可以让学生将这些想法和经验记录在“学后反思”中,然后收集后进行分类和整理,并在课堂上进行展示,将其提供给其他学生学习借鉴。如【案例 1】中学生提到:“我还发现在解决等比数列的有关问题时,利用性质‘若 $m+n=p+q$,则 $a_m\cdot a_n=a_p\cdot a_q$’,可以减少运算量。”有时候,学生的经验更容易被其他学生所接受,因为它出于同龄人,学生听起来有亲近感,感情上更容易接受,又因为这些经验往往是学生用自己的语言来描述的,更贴近学生实际,容易传播。如【案例 2】中学生提到:“使用‘裂项相消’法求和时,要注意相消的规律具有对称性,即抵消后前面剩多少项,后面也剩多少项。”学生的描述直观易懂,听了容易接受;作为当事者,描述的过程也是知识内化的过程,使自己从中获得提高。

（三）尊重差异，因材施教

每个学生对“学后反思”的切入角度都是不一样的，所以学生“学后反思”呈现的内容也是各不相同的。学生会提出很多个性化的看法、观点和问题，假如这些看法、观点和问题是个别或某几个学生所特有的，不适合在课堂上进行集体讨论和研究，那么，教师可以对学生的“学后反思”进行批注，肯定他们的反思成果或进行针对性的指导。要知道，只要是学生经过思考的，都是“好”的、有价值的。如，有学生在“学后反思”中提出：“设$\sqrt{3}b$是$1-a$和$1+a$的等比中项，则$a+3b$的最大值为________。这个题目中最后能使用三角代换，即令$a=\cos x$、$b=\frac{\sqrt{3}}{3}\sin x$来求最值吗？”教师批注：“当然可以使用三角换元解决，但是考虑到等比数列中的项不能为0，所以$x\neq k\pi$，$(k\in\mathbf{Z})$。”教师的这种处理方式，既充分尊重学生学习的“差”和“异”，又非常经济有效地为不同的学生提供了不同的帮助，使更多的学生能够达到“课标”的要求。

总之，反思是一种学习，也是一种能力。正如数学教育家波利亚曾说：“如果没有了反思，他们就错过了解题的一次重要而有效益的方面。”[①]如果没有了反思，学生也就失去了一次重要的学习经历。然而，“学后反思”需要师生的合力才能推动，才能发挥其应有的意义和价值，教师提供一条获取课堂教学情况反馈的途径，学生增加一次再学习的机会。

---

① ［美］波利亚．怎样解题［M］．阎育苏，译．北京：科学出版社，1982：9．

06 如何设计“作业”以提升作业价值?

贺旭东

作业是学生为达到学习目标、完成既定任务而开展的学习活动。[①] 适量有效的作业可以帮助学生检测学习效果,巩固所学知识,提高分析问题和解决问题的能力,进而达成学习目标。利用“学历案”进行教学注重学生的学习经历,以实现学生“在学习”、“真学习”的目标。学生自主或合作完成作业是学生经历应用知识的过程,有助于学生自主建构知识、提升能力。因此,设计高质量的作业是“学历案”撰写的重要环节之一。

一、整体设计课前、课中与课后作业

作业包括课前、课中与课后作业,不同阶段的作业,其功能有所差异,或是检测评价,或是巩固提高,或是拓展延伸。教师在设计作业时需要整体设计、统筹安排不同阶段的作业,以实现作业价值的最大化。

(一) 课前作业

课前作业的主要功能是为新课学习作铺垫,一般包括预习教材、复习与本主题知识有关的前备知识和方法等。如在高中语文“记念刘和珍君”一课的学习中,可布置如下课前预习作业:1. 查阅资料,了解作者鲁迅的生平;2. 了解作者撰写本文的时代背景;3. 阅读本课教材,找出自己在字词理解方面有疑惑的地方。课前作业不一定每节课都必须有,可以根据实际需要而

---

① 郭要红. 有效作业的内涵与设计策略[J]. 中国教育学刊,2009(6):62.

定，并且不宜过分加重学生的课外负担。

（二）课中作业

课中作业也称课堂练习，其主要功能是检测评价，教师通过学生完成作业的情况来了解学生对某一学习目标的达成情况，即学生“学会了吗”、“学到什么程度了”，进而为教师接下来的教学决策提供依据。课中作业从对象来看一般针对班级所有学生，从内容上来看应该根据与当堂课的目标所对应的知识点依次设计，自然地镶嵌在知识的学习过程中，以及时地进行检测评价。必要时，可以适当整合之前学过的一个或两个知识点一起设计作业，但这种综合知识点不宜过多，否则会影响检测的效度。如在高中地理“自然地理环境的整体性”主题的学习中，在学生学习完自然地理环境整体性的三个表现后，教师设计了如下练习进行检测。

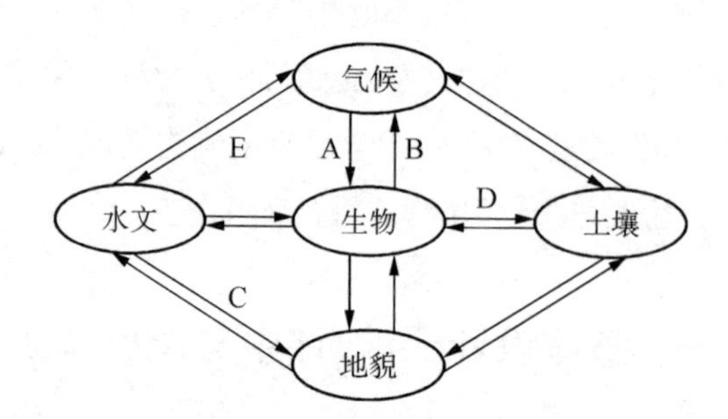

图6－1　自然地理环境各要素的相互关系示意图

读自然地理环境各要素的相互关系示意图，图中 ABCDE 五个箭头，表示大气圈对生物圈产生影响的是________；表示黄土高原千沟万壑地貌特征成因的是________；表示巴西热带雨林大量砍伐加剧全球气候变暖的是________；表示“落红不是无情物，化作春泥更护花”的是________；松花江和珠江水文特征不同，关键是图中________箭头所起的作用。

（三）课后作业

课后作业是课堂教学的延伸和继续，其功能是帮助学生巩固所学知识、提升应用知识的能力、开阔视野。有时，课后作业也可以用作检测评价，比如，课堂时间来不及完成的复杂的纸笔任务，或者是一些研究性、实践性的作业等。与课中作业相比,它的题量应该适当大一点,题目的设计应该更加有梯度,体现分层性与挑战性,以供不同学生进行选择。课后作业的形式更加多样,除纸笔练习以外,可以增加文献搜索与知识整理、调查、制作、实验等多种体验性和实践性的任务。如在高中地理"自然地理环境的整体性"主题的学习中,课后作业除了传统的习题外,还可设计研究性学习任务,让学生收集本地区洪涝灾害的信息,分析洪涝灾害与当地自然环境中气候、地形、河流等的关系,并撰写研究性学习小论文。

二、作业应与学习目标匹配

作业对学习目标的达成情况是衡量作业有效性的重要标准。教师在选择、编制作业时必须依据学习目标,仔细分析学习目标中的"三维"要求,力求使设计的作业在内容、形式及难度上与学习目标完全匹配,从而有助于学生通过完成作业来达成学习目标。

(一) 内容吻合

教师设计的作业在内容方面应与目标吻合,不超出目标所要求的知识与能力范围。教师在设计作业中的知识点、情境及任务时,需依据目标的要求,考虑学生已有的知识储备及经验,不随意拔高知识要求,也不选择对大多数学生来说是陌生的情境。如高中地理教师在设置"城市区位分析"方面的作业时,如果作业中出现一个很多学生都不了解的城市,教师应该提供较为详细的背景材料,否则会出现因情境过于陌生而导致许多学生难以解答的情况,影响效度。在学历案中,通常用(POn)来表示"指向"某学习目标的练习,其中 n 为学习目标的排序,用(DOn)来表示"检测"某学习目标的练习。

(二) 形式匹配

作业的形式有多种,有纸笔作业,有调查、访问、体验、实验等实践性作业,它因学科及主题的不同而不同。教师需根据学习内容、学习目标来选择合适的作业形式,使作业在形式方面与目标相匹配。如在高中物理、化学、生物等学科中,时常会出现掌握某实验操作步骤的学习目标,此时教师如果仅设计纸笔作业来促进学生对实验原理与步骤的掌握是不够的,还应设计一些让学生进行实验操作方面的作业,使学生通过实践来真正掌握实验步骤,而非机械地记住书上写的实验步骤。

(三) 难度恰当

教师设计的作业在难度上应与目标一致,不随意降低或者拔高难度。如目标对某一知识点是"了解"的要求,则在作业中应该设计一些与"了解"匹配的作业,如记忆或再认性的练习,简单判断,简述之类的题型,不应该加大难度设计成了论述题,或者是综合程度比较高的题型。同理,如果目标对某一原理是"简单应用",则教师在设置题目的情境时,不能过于复杂,否则就会变成"综合应用"或"复杂应用"。有时,尽管新课的知识点课标要求比较高,但是,作为新课的作业,不能一步登天,一下子达到高考题型的要求,应尊重学生的认知规律,体现螺旋式的上升过程。总之,作业不是越难越好,也不是越简单越好,关键是要与目标相匹配。

三、尊重学生差异设计分层次的作业

每一个学生都是独一无二的个体,他们的学习基础、接受能力、成长经历、兴趣爱好等各不相同。因此,教师需要因材施教,尊重学生的差异,设计具有层次性的作业,满足不同学生的需要,既可以让基础比较好的学生"吃饱",又可以让基础比较薄弱的学生"吃得了",从而让各类学生在学习中实现在共同基础上有差异的发展。

分层设计作业主要包括两个方面:一是作业量进行分层,二是作业难度进行分层。

(一) 作业量的分层

一方面不同的学生对掌握某一知识点的速度是不同的,有的学生做一遍就能掌握,而有的学生要做两遍、三遍才能掌握。另一方面不同的学生对掌握某一知识点的程度也是不同的,有的学生只能进行简单的应用,而有的学生可以进行复杂的应用。因此教师需要根据学生的个体情况和对其发展要求的不同来设置作业量,让学生各取所需。对于学困生而言,要增加基础性的练习量,减少较高难度的作业量,确保学生有时间做“该做”的作业。而对于学优生而言,可适当减少基础性练习的量,使他们从简单重复的操练中解放出来,拥有足够的时间去做一些具有挑战性的综合题,增强他们的兴趣和成就感。至于中等生的作业量,则应介于学优生与学困生之间。这样,可以让学有余力的学生获得自由发展的空间,一般学生也能得到充分练习。

教师在设计作业时可分为必做题和选做题两部分,必做题为所有学生均需完成的,而选做题可供各类学生根据需要自主选择,从而实现作业在量上的分层。

(二)作业难度的分层

学生的智商、学习能力等不一样,如果教师让能力较差的学生去完成超出自己能力范围的作业,不仅不能让他们体验到成功的快乐,反而会深受打击,甚至丧失对学习的兴趣。而让能力较强的学生仅去完成一些基础性的作业,不仅难以提高他们的能力,更会因“任务太简单”而体验不到成功的乐趣。所以教师要量体裁衣,针对不同的学生,设计合理难度的作业。

教师在设计作业时同样可分为必做题和选做题两部分,必做题为所有学生均需完成的,而选做题难度较大,供学有余力的学生自主选择。或者在综合题中设置一题多问,前面几问较简单,供所有学生做,后面几问较难,供学生选做,这样也就满足了不同学生的学习需要。需要指出的是,哪怕是课标要求的难度较高的内容,也应该让学习能力不太强的学生去大胆尝试一下,只有经过多次尝试后实在够不着的,才需作出调整,不能过早地让他们选择放弃,否则,不利于学生人格的成长。

四、注重作业形式的多样化

作业的形式有多种,根据划分标准的不同可划分为:纸笔作业和实践性作业,开放性作业和封闭性作业,自主性作业和合作性作业等。不同形式的作业对于学生的成长有着不同的价值,教师应设计多样的作业形式来最大程度地满足学生的发展需要。

（一）纸笔作业与实践性作业相结合

纸笔作业为传统教学中主要的作业形式，现在依然有不可替代的作用。纸笔作业中，一般包括选择、判断、填空、计算、应用、简答、分析、论述、写作等题目类型，教师应根据学习内容、学习目标等来确定合适的形式。

除纸笔作业外，还有查阅整理资料、调查、访问、体验、实验等实践性作业。学生通过实践，可以极大地提升动手操作和实践能力，同时，实践性作业对于学生参与和感受社会、增强社会责任感也具有重要作用。教师可根据学习内容、学习目标、周边环境等来设计实践性作业。如在高中地理“人口迁移”的学习中，教师可设置一些调查活动，如让学生调查当地的人口迁入迁出情况，外来人口的就业情况、对当地经济发展与生态环境有何影响等。

目前中国学生在实践能力方面还有所欠缺，因此教师应加强实践性作业的设计和布置。

（二）封闭性作业与开放性作业相结合

传统的作业一般为封闭性作业，即有标准答案的作业，非此即彼，强调结果的唯一性；而开放性作业是指作业内容不确定或无标准答案的作业，这种作业更具有探索性和创造性。二者对学生的成长均有重要作用，尤其是开放性作业的作用更不容忽视。因为开放性作业答案不唯一，学生可以大胆地探索与表达，这对于培养学生的探索精神、辩证思维能力具有重要作用。如在高中地理“工业区位因素与工业地域联系”的学习中，教师可结合当地——浙江海盐实际设置开放性问题：“海盐的主导产业——紧固件企业需要转移吗？为什么？”

（三）自主性作业与合作性作业相结合

自主性作业即学生独立完成的作业，对于培养学生的独立思考能力具有不可替代的作用。合作性作业即通过学生合作完成的作业，对于培养学生的人际交往能力、团队意识、合作精神等具有重要作用，目前此类作业总体还很少见。要知道，将来学生进入社会以后，许多任务都不是靠单干能够完成的，需要多人甚至一个团队的合作才能完成，因此，教师在设计作业时尽量考虑一些合作性的作业。如在高中地理“地球的运动”的学习中，可以布置一个合作性作业：“小组合作，采取立竿见影的办法测量当地的正午太阳高度，并计算当地的经纬度。”

总之，为了实现作业价值的最大化，教师在设计作业时，需要明确作业的功能，紧扣目标、针对实际、系统思考、整体设计，充分体现作业的差异性、多样性、开放性和创造性。唯有这样，才能使我们的作业更有意义。

07 学历案的教学范式：创造有意义的学习经历

卢　明

有了学历案，教师该如何教？学生该如何学？能否提供一种基本的教学范式？这是老师们所关心的一个重要问题，也是本文要与大家探讨的问题。

我们先来讨论何谓“范式”。“范式”最早是由美国著名科学哲学家库恩在《科学革命的结构》中提出的一个词汇，其内涵有两层意思：一是科学共同体的共同承诺集合，二是科学共同体共有的范例。所谓“共同承诺”，其实就是一种约定。笔者引用“范式”这个词汇，其内涵也是两层意思，一是“一种约定”，二是“范例”。不要将“范式”误解为“模式”。“范式”是指按照某一约定建构的、可操作的实践范例。这里的“约定”出自于学历案的设计理念与设计意图，用学历案教学必须贯彻这一“约定”。

回归学历案的概念，学历案的“历”字取之于“学习经历”的意思，因此，学习经历自然是学历案教学之灵魂，基于学历案的教学也一定与学习经历密切相关。

一、高中教学忽视学习经历的主要表现

由于教师对“学习经历”的意义缺乏正确的认识，故在自己的教学实践中常常出现忽视学习经历或为学生提供不正确的学习经历的做法，主要表现为：(1)以“讲”代“学”——满堂灌，教师只顾自己“走”教案，没有给学生留下做与悟的机会；(2)以“做”代“学”——满堂练，曲解了“做中学”的本意，

用做练习来代替学生的全部学习经历;(3)把全班人当作“一个人”——齐步走,没有顾及学生学习的“差”和“异”,剥夺了部分学生的学习经历,使这些学生的学习变成了“陪读”;(4)提供与学习目标或学生经验不匹配的“过程或方法”,使学生经历错误的学习过程,使学习成为“假学习”,等等。

忽视学习经历,必然导致学生的“游离学习”、“假学习”(学习过程与方法错误)和“虚学习”(没有学习过程)。如何能让更多的学生“在学习”、“真学习”是我们课堂变革亟待解决的重要问题。

二、学习经历的意义和作用

关注学习经历并非学历案的专利,历史上有许多专家、学者对学习经历的意义早有研究,并作出了精辟的论述。

(一)学习是一种意义的建构

知识是如何习得的？建构主义认为,知识不是通过教师传授得到的,而是学习者在一定的情境即社会文化背景下,借助其他人(包括教师和学习伙伴)的帮助,利用必要的学习资料,通过意义建构的方式而获得的。教师是意义建构的帮助者、促进者,而不是知识的传授者与灌输者;学生是信息加工的主体、是意义的主动建构者,而不是外部刺激的被动接受者和被灌输的对象。教学要为学生主动建构知识提供机会和空间,让学生经历学习的全过程,而不是“观摩”学习的全过程。

(二)主动学习的经历有助于提高学习效率

“学习金字塔”模型最早是由美国著名的学习专家爱德加·戴尔(Edgar Dale)于1946年首先发现并提出的,它是一种现代学习方式的理论。① 该模型分别列举了4种被动学习方式和3种主动学习方式。其中,被动学习的方式包括听讲(Lecture)、阅读(Reading)、视听(Audiovisual)和演示(Demonstration);主动学习的方式包括讨论(Discussion)、实践(Practice

① Dale, E.. Audiovisual methods in teaching (3rd ed.)[M]. New York: Holt, Rinehart and Winston, Inc., 1969.

doing)和教授给他人(Teach others)。在被动学习的四种方式中,学生的参与度非常低,所以平均学习保持率都不超过30%;而在主动学习的三种方式中,学生的参与度较高,所以平均保持率比较高,其中金字塔的最底端——教授给他人(Teach others),其平均学习保持率可以高达90%。此研究也表明,除了教授他人,如果学生有机会把所学内容立即应用,效果同样可高达90%。通过该模型,我们可以发现学习经历与学习效果之间是呈正相关的。

(三) 有意义的学习经历能有效促进学生的主动学习

美国教育学家L·迪·芬克提出了"教学应为学生创造有意义的学习经历"的教学观。他认为学习是需要过程的,"有意义的学习经历"存在于一种具有强大影响力的学习经历之中,学生会充满兴趣地投入到学习中去,随之而来的是高度的活力,整个学习过程将让学生学到更多的有意义的东西。而这一学习经历还将以一种主要的方式给他们的生活带来影响。① 他还指出,并非学生所有的学习经历都是有意义的。比如,用"背实验"的方法去学实验,尽管"背实验"也是一种"过程",但是它不符合实验教学的要求——实验是靠"做出来"的,不是靠"背出来"的。显然,这是一种错误的过程,由错误的过程提供的学习经历是没有意义的。L·迪·芬克的研究提醒我们,"有意义的学习经历"需要教师课前的特别设计,或在课中凭借自己丰富的教学经验随机应变,即时生成。只有学习经历有意义,学生才会学得积极、主动而且有意义。

(四) 多方活动能促进学习并增强学习动机

华东师范大学钟启泉教授认为,"学习"可以视为学习者同其所处的社会环境之间出现的活动所产生的变化的一连串沟通过程。"社会环境"不仅支持学习,建构学习,发展理解,而且可以提高学习者的学习动机。② 他主张教学过程不能局限于教师向学生单向传递知识的模式,也不能把教学的过程等同于机械训练的过程,要重视小组活动、尊重差异性(多样性)以及构筑

---

① [美]L·迪·芬克.创造有意义的学习经历[M].胡美馨,刘颖,译.杭州:浙江大学出版社,2006:16-18.

② 钟启泉.为每个学生的成长而教[J].北京大学教育评论.2009,7(3):112-122.

师生学习共同体。也就是说,要尽可能地创造多方互动(师生、生生),以促进学习,增强学习者的学习动机。

综上所述,学习经历的形式是多样化的,它的意义与作用可以概括如下:第一,学习是学生亲力亲为的事情,没有经历的学习是无法建构学习的意义的。第二,不同的学习经历,会导致不同的学习结果和意义建构。第三,同样的学习任务,不同的学生有着不同的学习经历,学生不是在教师的统一引导下完成同样的信息加工,而是在教师或同伴的协助下,通过独立的信息加工,建构起对现实世界的意义。简而言之,学习同样的内容,不同的学生需要不同的方法。第四,主动学习会创造"有意义的学习经历"。不言而喻,通过改变学习经历,就能改变学习结果。

三、基于学历案的教学范式

——创造有意义的学习经历

所谓学历案是"教师为了便于儿童自主或社会建构经验,围绕某一学习单位,进行专门设计的学习过程的方案"。它是教师专门预设的、基于班级教学、给学生学习用的方案;是就某一学习内容,呈现学生从不知到知、少知到多知的完整历程;是一种课程计划、认知地图、学习档案、互动载体、监测依据。[①] 学历案对教师来讲是一份课程计划,同时,也提供了监测依据和评价任务;对学生来讲,为学生提供了一个专业的学习方案——认知地图。然而,方案专业,如果实施过程不专业,仍然达不到理想的效果。

(一) 基于"标准",避免随意性

"有意义的学习经历"必须与学习目标相匹配,而学习目标的确定又必须依据"标准"(即"课标")。"标准"就是课程与教学的"法",教师教学必须守"法",每节课教什么、学什么都要依据"标准",不能随心所欲,也不能凭经验。所以,基于"学历案"的教学是一种基于"标准"的教学。

"课标"相对目标来说要抽象一点,操作性也不够强,故教师备课需要将

① 崔允漷.学历案:微课程方案(8th)[R].内部资料,2015-7:18.

“课标”要求转化为学习目标。一份学历案专业不专业,首先看它的目标专业不专业。用学历案教与用教案教最大的区别在于“学—教—评”的一致性,所谓“一致性”就是要将“三者”放在一个系统中进行整体的考虑,不能把“教”、“学”、“评”变成三张皮。学历案把课堂上的所有教学活动分成两类:一是“教学任务”(或称学习任务),即为了达成目标而设计的一系列教与学的活动;二是“评价任务”,指用于判断目标有没有达成的一个个检测项目,包括传统的纸笔测验和表现性评价任务。无论是“教学任务”还是“评价任务”,都明确地指向某个目标。在学历案中,每一条“教学任务”的后面都有明确的标注,如“PO2”意思是指向目标 2,每一条“评价任务”的后面也有类似的标注,如“DO3”意思是检测目标 3。作业设计也不例外,每道题都指向特定的目标。教师的教学行为必须严格围绕目标展开,自觉杜绝游离目标的行为;学生的一切学习活动也必须针对目标。

(二)用好“资源与建议”,为主动学习提供支架

主动学习的经历比被动学习的经历显得更有意义。“资源与建议”是引领学生学习的“导学图”,它为学生提供一个整体的学习思路,使主题学习既见树木、又见森林,为学生的主动学习提供了支架。

学历案将自学“资源与建议”作为学习过程的一个起始环节,以自学的方式进行,放在一节课的开头。教师一般会让学生花 2 分钟左右的时间自学,了解所学内容的地位与价值,明确学习的方向、标准、路径与方法,让学生对本主题的学习有一个整体的感知。教师可以根据内容作出判断,如果根据“资源与建议”多数学生可以自学解决的内容,可告知学生按“资源与建议”和学历案提供的线索自学某一部分材料,遇到问题可以停下来,大家一起讨论;假如是学生独立学习有困难的内容,教师可以先做一些引导性的铺垫或讲解,再安排学生学习。这样,“资源与建议”的导学功能可以得到充分发挥。

(三)合理使用教材,防止“假学习”

教材是国家提供的、专业的课程文本,是学生学习的主要课程资源。用学历案不等于放弃教材。学历案倡导教师“用教材”教,而不是“教教材”,故

在编写学历案时,可以对教材内容作适当的调整,包括增减、重组,甚至另选其他。当教材内容被选用时,学历案上就没有必要再重现同样的内容,只需指明“参见教材第几页……”,学习时指导学生将教材直接搬出来使用即可。由于教材的设计者更多考虑的是“学什么”,而不是“怎么学”,故教材是有它的局限性的,教材内容比较“精炼”,没有把学生“学会”需要考虑的问题写入其中。如果让学生自学教材,还需要注意文科所用教材与理科所用教材的区别。文科学习常常是通过教材所提供的材料去分析、揭示、体会其所蕴含的知识点、方法、思想以及材料背后的一些问题,所以,即使让学生阅读教材,学生也未必能够全部理解,接下来的活动仍然可以围绕阅读过的教材来展开。而理科学习则不同,教材上呈现的内容一般都是“陈述式”的,以数学为例,一个方程或公式的推导,教材上都有详细的过程,一个例题的后面接着的就是详细的解答,如果直接让学生直接阅读,学生就失去了探究、发现的机会,导致其知其然而不知其所以然,许多认知过程中的问题被掩盖。当学生看见了“结论”以后,往往会以为已经“学会”,便失去对上述“结论”的来龙去脉深究或讨论的兴趣,急功近利地将兴趣转向练习,导致“假学习”的出现。因此,使用教材一定要注意处理好以下几个问题：何时让学生看教材?看之前要做什么准备？看的过程中应该要带着什么问题去看才能有助于理解？看过以后还要做哪些追问,以加深理解教材内容背后的思想、方法和背景资料？学历案可以不重复呈现教材上的内容,但需要考虑以上问题的设计,使学生的学习过程更加“接地气”,符合认知规律和学生已有经验,确保学习过程正确而有意义。

(四) 以“导”带“游”,促进学生“真学习”

有效学习一定是“真学习”。所谓“真学习”是指经历了正确的学习过程的学习,能让每个学生都有这样的“经历”,这需要一定的机制作保证。“我讲你听”、“一问一答”的教学方式会剥夺许多学生的学习经历,导致“虚学习”的出现。构建多边活动的机制,通过做中学、说中学、悟中学、教中学,可以实现学习方式的转变,促进学生“真学习”。

1. 转变观念

基于学历案的教学理念,教学是一种“介入”。所谓“介入”,是指教师的

“教”是一种阶段性的、非连续的行为,凡是学生能自己学会的内容,教师可以不教,只有当学生自己学习有困难时,教师才介入“教”。教的方式有多种,如演示、启发、追问和讲解等,这种“介入”以学生需求为前提,以实现“破冰”为目的,以维持学习为首归。教学也是一种“陪伴”,是教师和学生构建“学习合作共同体”的过程。教师要做“机会”的播种者,给学生尝试的机会、纠错的机会、感悟的机会、表现的机会,丰富学生的学习经历,以促进学习。

2. 转变角色

传统的课堂,教师的角色是“先生”,是知识的传授者,是课堂的主导者;学生是学习者,是知识的接受者,是受支配者。在学历案的课堂里,这个关系被颠覆,学历案倡导的课堂师生关系是“导游”与“游客”的关系,教师是“导游”,学生是“游客”。要求教师要注重“导”,淡化“教”,把学生由“教育对象”提升为“服务对象”,尊重学生学习的“差”和“异”,调动学生的主动性和创造性。

那么,作为“导游”的教师该如何教呢?作为“游客”的学生又该怎么学呢?不妨先分析一下导游的工作方式。导游把游客领到景区门口,向游客介绍游览景点、路线或方案、注意事项等,然后游客可以自主选择游览方式,或自主游览,或跟着导游游览。接下来导游的职责是:在游客不知道景点背后的故事时,为他作些讲解;在游客遗漏景点时,为他作个提醒;在游客迷路时,为他指点方向;最后守在出口处清点人数,为没有能够到达出口的游客提供适当的帮助。其实,这个故事已经概括了学历案课堂的基本特征。教师利用“资源与建议”把学生带到学习的“门口”,接下来的授课方式可以是多样的,教师可以根据不同的教学内容,设计多种课型,实施教学,目的只有一个,使“教堂”变为“学堂”。

3. 以“导”带“游”的课型设计

基于学历案的课堂,教学方式不是单一的,不一定必须在一开始安排学生自学,也不排除教师必要的讲授。它可以有多种不同的课型设计,关键是课型要与学习主题的特点、难度、目标等因素相匹配。我们尝试过的主要课型有以下三种:

课型Ⅰ:自学学历案——提出问题——师(生)解答——总结提升;

课型Ⅱ:合作学习学历案(6人左右一组,不同程度的学生混合编组)——交流分享——点评或提炼性讲解;

课型Ⅲ：教师导学——个体或小组学习——教师“介入性”讲解——全班交流与小结。

无论哪种课型，都必须把“学”放在首位。教师的关注点不是“学过”（或“教过”）没有，而是“学会”没有，重点要处理好学习过程中教学信息的两次转换。教学信息转换分两种类型，一是有教师介入讲解的，二是学生自学的。

类型Ⅰ：教师“介入式”，教学信息的第一次转换是“人际转换”，教师“发送”（教了），学生“接收”（学了）；第二次转换是“自我转换”（学了——学会了），学生进行信息的自我加工。

类型Ⅱ：学生“自学式”，教学信息的第一次转换是“文本”与“人”之间的转换，学生阅读（学了）；第二次转换和类型Ⅰ相同，是“自我转换”。

其中，第二次转换至关重要，假如没有这次转换，学生就难以学会。所以，学历案的设计中有许多“留白”或练习，一方面是让学生留下真实学习的痕迹，另一方面是为实现信息的第二次转换提供平台。学生的“补白”与练习过程，就是实现信息“自我转换”的过程，让学生从体验到感悟，从感悟到顿悟，从顿悟到彻悟，经历一个完整而真实的学习过程。

（五）照顾“差”“异”，让每个学生有自己的学习经历

传统课堂教学的“齐步走”剥夺了部分学生的学习经历，使他们的学习成为一种“陪读”。用学历案教学，充分尊重了学生个体学习的“差”和“异”。所谓“差”是指学习同样的内容允许少部分学生不用“一步到位”地学会，或采用不同的学习策略与方法去学习。所谓“异”就是让不同的学生学习不同的内容，让学习能力强的多学一点，适度拓展或加深；让学习能力弱的，少学一点，在基本内容的学习上多花一点时间，学得透一点，防止“夹生饭”。具体处理上需注意以下两点：一是根据共同的学习目标，预设课堂内达成目标的学生的比例，如三分之二，而不是100%；或是共同的学习目标，不同的学生采用不同的学习方法，教师要为学生提供支持或帮助。二是根据学生能力分层要求，在学历案中提供分层要求的课堂学习任务和课外作业，并让学生明确，什么是保底要求，什么是较高要求。教师可设计不同的学习任务和作业供学生自主选择，让学优生“吃得饱”，让学困生“吃得了”，实现共同

 基础上有差异地发展。

（六）用“评价”调控“教”和“学”

学历案倡导“学在先、教在后、评在中”，将评价作为教学的一个重要环节。所谓“学在先，教在后”，它不是一个教学的顺序关系，而是对“教”和“学”进行定位思考的一种逻辑关系。简单地说就是“以学定教”，把“学”放在第一位予以优先考虑，“教”服从于“学”。所谓“评在中”，就是让评价贯穿在学习的全过程之中，学一段，评价一下，再学一段，再评一下，每一次评价都将为下一步教师的教学决策提供依据。只有保证三分之二以上的学生对前一段知识已经学会了，才能进入下一段的学习，而不是我“教过了”，你“没学会”，我仍然接着往下教。一旦发现多数学生没有学会，教师必须要对原来的预设作出调整，生成新的教学流程，来帮助更多的学生“学会”。评价的过程也是学生的一种学习经历，这段经历不是习得知识，而是学生的自我诊断和认知监控，即对自己前一段的学习结果作出判断，对下一步学习作出决策，看看是否需要请求帮助等。有了这样的经历，学生的学习变得从容而自信；如果没有这样的经历，学生的学习会变得盲目而自负。需要说明的是，如果课堂时间紧张，无法当堂完成评价，也可以通过在课外作业中配置一定的“评价任务”来弥补，教师利用学生的作业反馈，来调控下一节课的教学。

教学需要一定的模式，因为只有当经验做法被上升到模式的高度时，经验才能更好地被固化与传播。诚然，我们对学历案的研究和探索还很粗浅，目前看来还有些粗糙，离一种成熟的模式还有很大距离，但我们的追求与探索远没有结束……

第三部分　普通高中各学科学历案精选

导　读

他山之石，可以攻玉，何况他们已然不是石，早已琢石成玉。

他们是元高敢为天下先的一族，在困境中求索，在求索中结伴，在结伴中争鸣，在争鸣中豁然开朗。他们，是学历案教学实践的先行者。

他们又是一棵棵最会思想的苇草。胸怀高志，使命在肩，因而不能也不敢随波逐流。岁月庸常，而静水流深，沉潜学历案的他们，是教得最明白的一群耕耘者。

一稿，二稿，三稿……他们不厌其烦；尝试，修改，再尝试……他们收获硕果。

不满足于已有，不沮丧于挫折，不重复昨日的自己，呕出一腔心血滋润桃李，用专业实践的火把照亮一双双渴望求知的眼睛。

因为他们明白，学生的成功才是老师最大的成功——这才是教育的王道！

仁者乐山，智者乐水，而他们兼具山的沉稳与水的灵动，这些案例精选便是明证。

十一个案例，请您细细读、慢慢品。一滴水里有沧海，一星火中有灵光，您一定会对自己说：我行，我可以！

关于学历案中有关符号的说明

为了书写上的简明扼要，也便于读者理解，我们在各学科的学历案中使用了一些专业的符号，如CS、SG、PO、DO等。

它们的含义分别是：

CS，即Curriculum Standard，是指依据课程标准；

SG，即Subject Guide，是指依据学科指导意见；

PO，即Point Objective，是指指向目标；

DO，即Detection Objective，是指检测目标。

01 语文：始得西山宴游记

【设计者】

翁洲、沈翔、范萍、杨建国

【内容出处】

第四专题“像山那样思考”的第二板块内容“与造物者游”。苏教版高中语文必修一(2014 年版)，P74—75。(2 课时)

【课标要求】

阅读浅易文言文，养成初步的文言语感。能借助注释和工具书，理解词句含义，读懂文章内容。了解并梳理常见的文言实词、文言虚词、文言句式的意义或用法，注重在阅读实践中举一反三。

体会经典文言作品的基本精神和丰富内涵，为形成一定的传统文化底蕴奠定基础。学习用历史的观点理解古代文学的内容价值，从中汲取民族智慧。

【学习目标】

1. 通过多梯度的朗读，掌握文中出现的常用文言实词、文言虚词、文言句式的意义和用法，理清文章思路，提高文言文阅读语感；(CS)

2. 结合作者的身世处境，通过探究的方式，概括出柳宗元笔下西山的独特之处，理解西山之怪特与作者遭受挫折却不甘沉沦的人格美相互映照的艺术魅力，体会“融情于景”的写作手法；(SG)

3. 借助对文化背景知识的拓展，理解作者获得的精神感悟，增强对“山

水之乐不在山水，在于作者的生活态度”这一传统文化的认识，体悟中国贬官文化的时代意义。(CS、SG)

【评价任务】

1. 完成课堂活动一，掌握基础的文言知识；(DO1)

2. 完成课堂活动二、三，能够分析作者融情于景的手法及其妙处，探究柳宗元游西山的独特意义，理解作者游西山获得的精神感悟；(DO2)

3. 完成课堂活动四，体会中国文人贬官境遇背后的人生哲思。(DO3)

【学习过程】

资源与建议

1. 本主题内容出自苏教版高中语文必修一(2014 年版)第四专题“像山那样思考”的第二板块内容“与造物者游”，P74—75。

2. 本主题是进入高中以来接触的第三篇文言文，属散文游记。在学习过程中，你可以借助工具书破除文中重点实词和虚词的疑难之处，整理并积累词类活用和特殊句式。

3. 在学习过程中，遵循循序渐进的方式，首先从文字入手，进而赏析文章，终而思考、品鉴文化意义。

4. 思考人与自然的关系是本文学习的重点和难点。要掌握好这个重难点，需要以柳宗元的身世背景为抓手，对比两次游山所见所感的差别，体会“然后知吾向之未始游，游于是乎始”的含义，最终领会“心凝形释，与万化冥合”的天人合一境界。

课前预习

1. 结合课文注释，读通、读顺本文。

2. 知人论世：课前阅读下列柳宗元的文字，了解他在永州的生活状况。

材料一：永州为楚最南，状与越相类。仆闷即出游，游复多恐。涉野则有蝮虺(一种毒蛇)大蜂，仰空视地，寸步劳倦。 ——《与李翰林建书》

材料二：永州之野产异蛇，黑质(质地、底子)而白章(花纹)，触草木尽

死，以啮人，无御之者。——《捕蛇者说》

材料三：自遭责逐，继以大故，荒乱耗竭，又常积忧恐，神志少矣，所读书随又遗忘。一二年来，痞气尤甚，加以众疾，动作不常。每闻人大言，则蹶气震怖，抚心按胆，不能自止。——《与杨京兆凭书》

材料四：百病所集，痞（pǐ；腹中结块之病）结伏积，不食自饱。行则膝颤、坐则髀（bì；股，大腿）痹（bì；一种肢体疼痛或麻木症状的疾病）。

——《寄许京兆孟容书》

课堂活动一：吟咏古韵（PO1）

（一）文意疏通

1. 小声快速阅读文本两遍，给以下加点字词注音：

僇人（　　）　施施（　　）　斫榛莽（　　）　茅茷（　　）

箕踞而遨（　　）（　　）衽席（　　）　岈然（　　）　若垤（　　）

攒蹙（　　）（　　）　培塿（　　）　颢气（　　）　引觞（　　）

2. 大声朗诵文本一遍，理解加点字的意思，读出相应的语气和心情：

恒惴栗　施施而行　意有所极，梦亦同趣

凡是州之山水　岈然　萦青缭白，外与天际

不知日之入

（二）自由诵读全文，然后同桌互读互评。（评价标准：字词是否读准？断句是否准确？）

课堂活动二：探究研读（PO2）

1. 自读第二段，品味并说出作者情感变化的过程。

2. 小组内讨论探究：与其说是柳宗元在游西山，不如说是柳宗元____________西山？（填上一个表示情感态度的动词）

3. 齐读第二段，力求读出作者的情感变化。

检测活动一：结合文本，回答下列问题。（DO2）

西山之“特立”体现在哪里？请用自己的话加以概括，并回答柳宗元为何如此大费笔墨描写西山的“特立”？

课堂活动三：对比分析(PO2)

1. 结合第一、二段，研究并分析作者两次“游”的不同，请完成如下比较：

	“向游”的情形	“始游”的情形
游的过程		
游的结果		
游的风景		
游的心情		

2. 王夫之曾说：“于景得景易，于事得景难，于情得景尤难。”“于情得景”是“永州八记”产生撼人心魄的艺术魅力的根源所在。柳宗元笔下的景已经不是现实世界中自然景物的客观再现，而是充满作者主观情感、饱含作者审美意识的一种高于自然的客观存在，是他复杂精神世界的外在体现。请有感情地朗读两次“游”山的文字，注意体会作者的不同心境。

检测活动二：阅读下列材料，思考相关话题。(DO2)

材料一：游毋倨，立毋跛，坐毋箕，寝毋伏。（走路不要显出傲慢的样子，站着不要偏用一脚而歪斜，坐着不要伸开双腿像簸箕，睡觉不能趴着。）

——《礼记》

材料二：

秦坐俑(经坐)

汉代坐俑(跽坐)

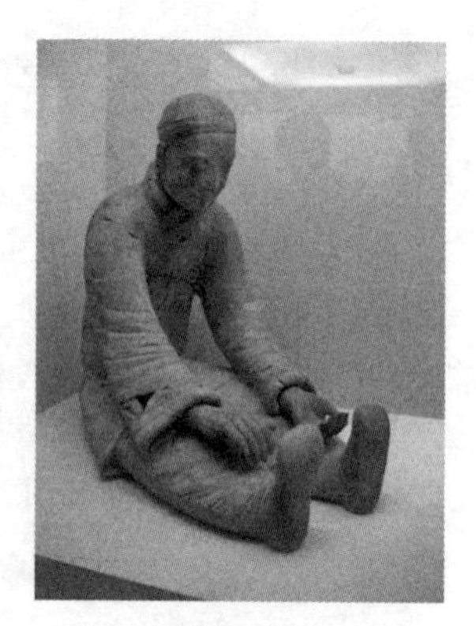

箕踞姿陶俑

阅读材料二图

回答：结合“箕踞而遨”，说说柳宗元当时游西山的心情。

检测活动三：试结合虚词“而”、“就”，分析两次“醉态”背后作者的情感。(DO2)

	虚词的含义	作者的情感
倾壶而醉		
颓然就醉		

课堂活动四：品鉴情感(PO3)

1. 邂逅了西山，柳宗元同过去的“旧我”告别，预示“新我”生活的开始。此时的柳宗元与西山已经达到物我合一的境界了。请你说说此时在西山之巅上的柳宗元悟出了什么？心情又是如何的？

2. 试想，当柳宗元回到山下，回到现实的生活中时，你认为他还会不会“惴栗”呢？

3. 阅读余秋雨《柳侯祠》一文的节选，进一步体会柳宗元的人生历程。

柳宗元是赶了长路来到这里(柳州)的。他的被贬，还在十年之前，贬放地是湖南永州。他在永州待了十年，日子过得孤寂而荒凉。亲族朋友不来理睬，地方官员时时监视。灾难使他十分狼狈，一度蓬头垢面，丧魂落魄。但是，灾难也给了他一分宁静，使他有足够的时间与自然相晤，与自我对话。于是，他进入了最佳写作状态，中国文化史拥有了《永州八记》和其他篇什，华夏文学又一次凝聚出了高峰性的构建。

照理，他可以心满意足，不再顾虑仕途枯荣。但是，他是中国人，他是中国文人，他是封建时代的中国文人。他已实现了自己的价值，却又迷惘着自己的价值。永州归还给他一颗比较完整的灵魂，但灵魂的薄壳外还隐伏着无数诱惑。这年年初，一纸诏书命他返回长安，他还是按捺不住，欣喜万状，急急赶去。

到得长安，兜头一盆冷水，朝廷厉声宣告，他被贬到了更为边远的柳州。

朝廷像在跟他做游戏，在大一统的版图上挪来移去。不能让你在一处滞留太久，以免对应着稳定的山水构建起独立的人格。多让你在长途上颠颠簸簸吧，让你记住：你不是你。

柳宗元凄楚南回，同路有刘禹锡。刘禹锡被贬到广东连州，不能让这两个文人待在一起。到衡阳应该分手了，两个文豪牵衣拱手，流了很多眼泪。宗元赠别禹锡的诗句是："今朝不用临河别，垂泪千行便濯缨。"到柳州时，泪迹未干。

嘴角也绽出一丝笑容，那是在嘲谑自己："十年憔悴到秦京，谁料翻为岭外行。"悲剧，上升到滑稽。

这年他四十三岁，正当盛年。但他预料，这个陌生的柳州会是他的丧葬之地。他四处打量，终于发现了这个罗池，池边还有一座破损不堪的罗池庙。

他无法预料的是，这个罗池庙，将成为他的祠，被供奉千年。

不为什么，就为他破旧箱箧里那一札皱巴巴的诗文。

【检测与作业】(【C】部分为挑战题，供选做。)

一、基础知识与能力巩固

1. 下列表述不正确的一项是(　　)。(DO1)

A. 柳宗元，字子厚，唐代文学家、哲学家，著有《河东先生集》。

B. 柳宗元世称柳河东、柳柳州，与白居易同为唐代古文运动的倡导者。

C.《始得西山宴游记》是一篇山水游记，是柳宗元的"永州八记"之首。

D.《始得西山宴游记》中"怪特"的西山与作者高傲的志趣相互映照，象征了柳宗元特立不屈的人格。

2. 下列各句中没有通假字的一项是(　　)。(DO1)

A. 自余为僇人　　B. 则施施而行，漫漫而游

C. 意有所极，梦亦同趣　　D. 悠悠乎与颢气俱

3. 下列各句中加点字词古今意义都相同的一项是(　　)。(DO1)

A. 以为凡是州之山水有异态者　则凡数州之土壤

B. 引觞满酌，颓然就醉　游于是乎始

C. 外与天际，四望如一　洋洋乎与造物者游

D. 攒蹙累积，莫得遁隐　攀援而登，箕踞而遨

4. 下列各句中句式与其他三项不同的一项是(　　)。(DO1)

A. 自余为僇人,居是州　　B. 以为凡是州之山水有异态者

C. 吾从而师之　　D. 因坐法华西亭

5. 下列各句中加点字词意义和用法相同的一项是(　　)。(DO1)

A. 醉则更相枕以卧/故为之文以志

B. 自余为僇人/不与培塿为类

C. 以为凡是州之山水有异态者/穷山之高而上

D. 则施施而行/漫漫而游

二、精段赏读

阅读《始得西山宴游记》第二段,完成6—9题。

今年九月二十八日,因坐法华西亭,望西山,始指异之。遂命仆人过湘江,缘染溪,斫榛莽,焚茅茷,穷山之高而止。攀援而登,箕踞而遨,则凡数州之土壤,皆在衽席之下。其高下之势,岈然洼然,若垤若穴,尺寸千里,攒蹙累积,莫得遁隐。萦青缭白,外与天际,四望如一。然后知是山之特立,不与培塿为类,悠悠乎与颢气俱,而莫得其涯;洋洋乎与造物者游,而不知其所穷。引觞满酌,颓然就醉,不知日之入。苍然暮色,自远而至,至无所见而犹不欲归。心凝形释,与万化冥合。然后知吾向之未始游,游于是乎始,故为之文以志。是岁,元和四年也。

6. 下列加点字词解释有误的一项是(　　)。(DO1)

A. 斫榛莽,焚茅茷　斫:砍伐

B. 箕踞而遨　遨:游览,观赏

C. 岈然洼然　岈然:深谷低陷的样子

D. 与万化冥合　万化:自然万物

7. 下列各句中加点字词意义和用法相同的一项是(　　)。(DO1)

A. 因坐法华西亭/因噎废食　　B. 始指异之/不知日之入

C. 攀援而登/蟹六跪而二螯　　D. 是岁,元和四年也/何为其然也

8. 下列对原文有关内容的分析和概括,不正确的一项是(　　)。(DO2)

A. 这段文字在描写“西山”的景物时,对形容词和动词的选择运用简约而精当、准确而传神,将西山形象逼真、色彩鲜明地刻画出来,富于动态美。

B. 作者对西山特立之貌描写赋予了自己卓尔不群的人格和恢宏远大的志向,西山即我,我即西山,达到了物我合一的境界。

C. 文章多次用到了“始”字，表达了对西山宴游的惊喜之情，同时也暗含对以往所游山水的贬低与否定。

D. “然后知吾向之未始游，游于是乎始”表明西山之游给作者带来了心灵的启迪，让作者感到了超脱旷达，忘却了自我，忘却了烦忧，获得了精神慰藉。

9. 翻译文中画波浪线的句子。(DO1)

(1) 悠悠乎与颢气俱，而莫得其涯；洋洋乎与造物者游，而不知其所穷。

____

(2) 然后知吾向之未始游，游于是乎始，故为之文以志。

____

三、比较阅读

比较《始得西山宴游记》和《江雪》，分析两者所表达的作者人格精神上的共同点。(DO2)

江雪　柳宗元

千山鸟飞绝，万径人踪灭。

孤舟蓑笠翁，独钓寒江雪。

【C】 古人云“一切景语皆情语”，也就是说，在文学作品中，从来就没有完全客观的景物描写，诗文里的景，都是经过作者情感观照后的主观再现。请结合此观点，就《始得西山宴游记》一文写一篇400字左右的赏析文章，然后在学习小组内交流并互评，推荐出优秀作品由老师结集成册。(DO3)

【学后反思】

通过本课的学习，你在知识和能力方面收获了什么，获得了怎样的人生启迪？

02 数学：椭圆及其标准方程

【设计者】

黄桂凤、卢明、胡水林、马喜君、张艳宗

【内容出处】

§2.2.1椭圆及其标准方程。人教A版高中数学选修2-1(2007年版),P38—43。(2课时)

【课标要求】

了解椭圆的实际背景,感受椭圆在刻画现实世界和解决实际问题中的作用;经历从具体情境中抽象出椭圆模型的过程;掌握椭圆定义、标准方程、几何图形;通过椭圆的学习,进一步体会数形结合的思想。

【学习目标】

1. 经历从具体情境中抽象出椭圆模型的过程;探究椭圆的定义并能正确地理解、表述椭圆定义中参数a、c的实际意义和限制条件,提高抽象概括能力;(CS)

2. 经历椭圆标准方程的推导过程,感悟选择“适合”的坐标系的意义和价值,掌握焦点在坐标轴上的椭圆标准方程的两种形式,进一步体会用解析法研究几何问题的思维过程与步骤;(CS)

3. 理解椭圆参数a、b、c三者之间的关系,会根据已知条件求椭圆的标准方程,解决一些简单的实际问题;(SG)

4. 通过拓展学习,感受可以由不同的路径获得椭圆的轨迹方程;结合例3的学习,理解并会运用转移代入法求动点的轨迹方程,增强轨迹意识,体会数形结合思想。(CS)

【评价任务】

1. 完成思考1、思考3、练习1和概括椭圆定义;(DO1)
2. 独立完成思考4和思考5;(DO2)
3. 完成例1、例2、练习2、练习3、练习4;(DO3)
4. 通过讨论与合作学习,完成练习5、练习6。(DO4)

【学习过程】

资源与建议

1. 椭圆是圆锥曲线——椭圆、双曲线、抛物线中的第一类曲线,是学习双曲线的前备知识,是高考解答题检测的重要内容;之前学习了圆,可以借鉴研究圆的思路与方法来研究椭圆;求曲线方程的一般步骤是本主题中探究椭圆标准方程的基础。

2. 本主题的学习按以下流程进行:椭圆定义→标准方程推导→简单应用。

3. 本主题的重点是椭圆定义的获得和应用、根据条件求椭圆标准方程和"坐标法"、"转移代入法"的应用;难点是椭圆标准方程的推导和化简。你可以通过任务1和任务2完成椭圆标准方程的推导,并通过思考5辨析椭圆标准方程来突破本节课的难点。

需要准备的知识:复习求曲线方程的一般方法。

一、结合实例,引出椭圆概念

多媒体演示:卫星绕地球运行的动画,描绘出卫星运行轨迹。

思考1: 卫星的运行轨迹是什么图形?(PO1)

请你列举一些日常生活中椭圆形的实物。(DO1)

二、动手操作,探究椭圆定义

1. **探究1:**(四人分组,动手画出椭圆。)(PO1)

(1) 拿出课前准备的一块纸板、一段细绳(每组绳长都是一样)、两颗图钉。将图钉固定在细绳的两端,再套上铅笔,固定图钉间距,拉紧绳子,移动笔尖,观察画出的图形是什么?

(2) 展示若干小组所画的椭圆,比较它们的形状,思考图钉间距大小与椭圆形状之间的关系。

探究 2: 到两定点距离之和等于定值的点的轨迹一定是椭圆吗?(PO1)

请完成以下操作: 保持绳长不变,改变两个图钉之间的距离:

当绳长(定值)大于两图钉(定点)间距离时,得到的动点轨迹是________;

当绳长(定值)等于两图钉(定点)间的距离时,得到的动点轨迹是________;

当两图钉(定点)重合时,得到的动点轨迹是________。

思考 2: 绳长会不会小于两图钉(定点)间的距离?为什么?(PO1)

2. 概括椭圆定义

总结前面的探究与思考,请你给椭圆下一个定义。

定义: ________________________________。(DO1)

概念: 这两个定点叫做**焦点**,两焦点之间的距离叫做椭圆的**焦距**。

思考 3: 请结合图 1 将椭圆定义用数学关系式表示:________。(DO1)

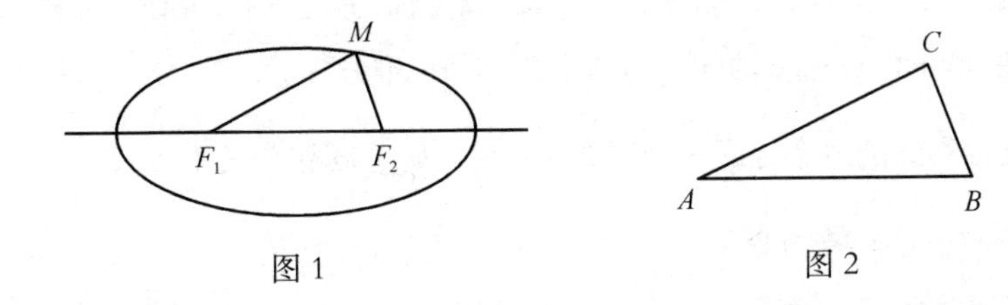

图 1　　　　图 2

练习 1: 如图 2,已知△ABC的周长为 5,边 AB 长为 2,则顶点 C 的轨迹是(　　)。(DO1)

A. 椭圆　　B. 两个点　　C. 线段　　D. 椭圆(除去两点)

三、推导椭圆的标准方程

任务 1: 以图 1 为背景,设绳长(定值)为 10,图钉(定点)间距离为 6,求出该椭圆的方程。(PO2)

1. 推导方程

建立坐标系:

设点:

找等量关系：

列方程：

化简方程：

最简结果：

（教师可指定一个小组，按非标准状态建系来推导椭圆的方程。）

2. 经验分享

(1) 你是如何建立平面直角坐标系的？为什么要选择这样建系？

(2) 在化简方程的过程中，你是如何处理两个根号的化简的？

思考4: 结合上述案例，你认为选择“适当”的坐标系的意义何在？你认为选择坐标系时应该考虑哪些因素？(DO2)

任务2: (四人小组合作)已知椭圆的焦点为 F_1、F_2，且 $|F_1F_2| = 2c$，对椭圆上任一点 M，有 $|MF_1| + |MF_2| = 2a$，推导椭圆的方程。(PO2)

思考5: 请各小组展示本组椭圆方程化简的最简结果，看看还需要继续改进吗？

思考6: 根据椭圆的标准方程和图1，你能说出 b 的几何意义吗？

思考7: 结合关系式：$b^2 = a^2 - c^2$，你能从图1中指出 a 的几何意义吗？

思考8: 若你原来选择焦点在 x 轴(或 y 轴)上建系的，现在请你用类比的方法，给出焦点在 y 轴(或 x 轴)上的椭圆标准方程。

前面得到的两个方程 $\frac{x^2}{a^2} + \frac{y^2}{b^2} = 1(a > b > 0)$ 和 $\frac{y^2}{a^2} + \frac{x^2}{b^2} = 1(a > b > 0)$ 都是椭圆的标准方程。

四、运用概念，尝试练习

练习2：(改编自教材P49，习题2.2A组1。)

如果点 $M(x, y)$ 在运动过程中，总满足关系式：

$$\sqrt{x^2 + (y+3)^2} + \sqrt{x^2 + (y-3)^2} = 10,$$

那么点 M 的轨迹是________(写曲线类型)，理由是________________，它的方程是____________________。(DO1、DO2)

例1 求适合下列条件的椭圆的标准方程：(PO3)

(1) 两个焦点的坐标分别是 $(-4, 0)$，$(4, 0)$，椭圆上一点 P 到两焦点距离和等于10；

(2) 两个焦点的坐标分别是 $(0,\ -2)$，$(0,\ 2)$，并且椭圆经过点 $\left(-\frac{3}{2},\ \frac{5}{2}\right)$。

分层学习：

合格要求：能够用一种方法完成例 1(2)；

较高要求：能够用两种方法完成例 1(2)。

练习 3：求适合下列条件的椭圆的标准方程：(DO3)

(1) 经过点 $P(3,\ 0)$，焦距为 2；

(2) $a+b=10,\ c=2\sqrt{5}$。

例 2　解答以下各题：(PO3)

(1) 若方程 $\frac{y^2}{2-k}+\frac{x^2}{k-1}=1$ 表示焦点在 y 轴上的椭圆，则 k 的取值范围是________；

(2) 若方程 $x^2+ky^2=1$ 表示焦点在 x 轴上的椭圆，则 k 的取值范围是________。

练习 4：若方程 $(k-1)x^2+(2-k)y^2-(2-k)(k-1)=0$ 表示椭圆，则 k 的取值范围是________。(DO3)

五、拓展学习，求轨迹方程

例 3　教材 P41，例 2(如图 3 所示)。(PO4)

分析：点 P 在圆 $x^2+y^2=4$ 上运动，由点 P 移动引起点 M 的运动，则称点 M 是点 P 的伴随点。

思考 9： 求点 M 的轨迹方程，那怎样设点 M、点 P 的坐标？

思考 10： 点 M 的坐标与点 P 的坐标之间有何关系？

请完成例 3：

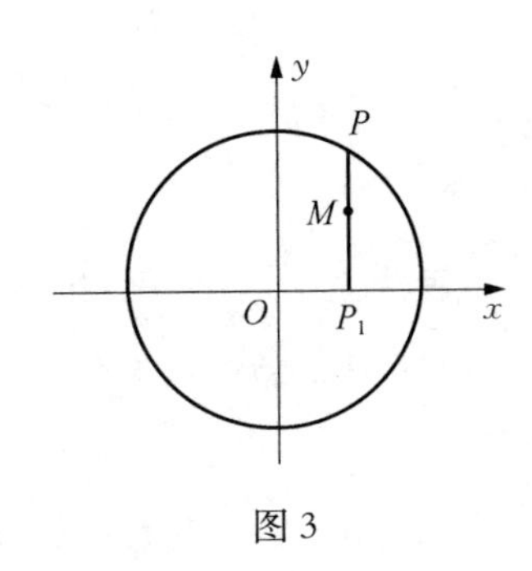

图 3

小结解题思想和步骤:

以上求点 M 的轨迹方程的方法叫“转移代入法”;“转移代入法”的基本思想是利用________方程求________方程;

结合例 3,请总结“转移代入法”解题的一般步骤:

① 分别设出“动点”与“伴随点”的坐标,应该将________设成 (x, y);

② 列出“动点”与“伴随点”的坐标关系式,将________点的坐标用________点的坐标来表示;

③ 将________点的坐标代入________,并化简;

④ 排除非轨迹上的点,即得所求的点的轨迹方程。

练习 5: 教材 P50,习题 2.2B 组 1(如图 4 所示)。(DO4)

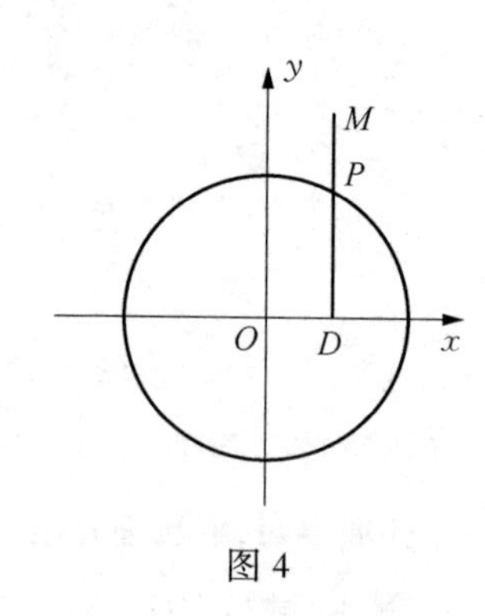

图 4

例 4 教材 P41,例 3(如图 5 所示)。(PO4)

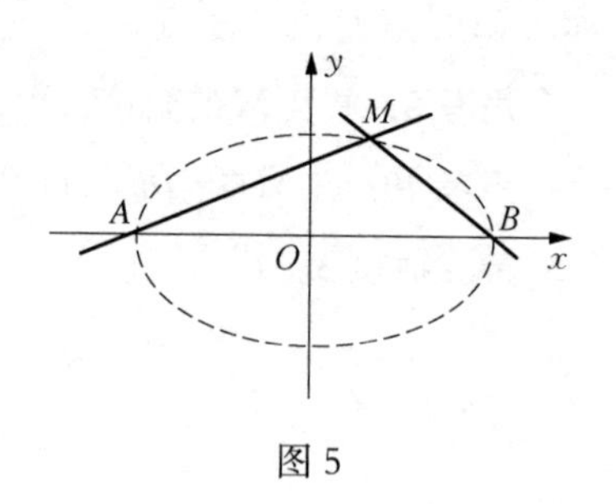

图 5

思考 11: 由例 4 得到的轨迹方程表示什么图形?

思考 12: 通过例 3、例 4 学习,你能体会编者将例 3、例 4 放在这里的意图吗?

练习 6: (改编自教材 P50,习题 2.2B 组 3。)(DO4)

点 P 到定点 $F(1, 0)$ 的距离和它到定直线 $x=4$ 的距离的比是 $1:2$，求点 P 的轨迹方程。

课堂小结

1. 本主题我们学到了哪些知识？请用表格或树状图进行描述。

2. 请用表格的形式梳理本主题学习过程中涉及的主要数学思想和方法，标注这些思想或方法在解题时的作用。

【检测与作业】（【C】部分为挑战题，供选做。）

课堂练习

1. 若 F_1，F_2 是定点，$|F_1F_2|=6$，动点 M 满足 $|MF_1|+|MF_2|=6$，则点 M 的轨迹是（　　）。(DO1)

A. 椭圆　　B. 直线　　C. 圆　　D. 线段

2. 椭圆 $\frac{x^2}{25}+\frac{y^2}{9}=1$ 上一点 P 到一个焦点的距离为 5，则 P 到另一个焦点的距离为（　　）。(DO1)

A. 5　　B. 6　　C. 4　　D. 10

3. 判断下列各椭圆的焦点位置，并说出焦点坐标、焦距：(DO2)

(1) $\frac{x^2}{3}+\frac{y^2}{4}=1$；　(2) $x^2+4y^2=1$；　(3) $x^2+\frac{y^2}{4}=1$。

4. 椭圆 $5x^2-ky^2=5$ 的一个焦点是 $(0, 2)$，那么 k 等于（　　）。(DO2)

A. -1　　B. 1　　C. $\sqrt{5}$　　D. $-\sqrt{5}$

5. 教材 P42，练习 3。(DO3)

6. 求经过点 $P\left(\sqrt{5}, \frac{4}{3}\right)$，$Q\left(2\sqrt{2}, \frac{2}{3}\right)$ 的椭圆的标准方程。(DO3)

7. 教材 P49，习题 2.2A 组 7。(DO4)

课外作业

1. 椭圆 $\frac{x^2}{16}+\frac{y^2}{9}=1$ 的焦距是________，焦点坐标为________；若 CD 为过左焦点 F_1 的弦，则 $\triangle F_2CD$ 的周长为________。(DO1、DO2)

2. 方程 $\frac{x^2}{|m|-1}+\frac{y^2}{2}=1$ 表示焦点在 y 轴的椭圆时，实数 m 的取值范围是________。(DO3)
3. 求与椭圆 $x^2+4y^2=16$ 有相同焦点，且过点 $(\sqrt{5},\ -\sqrt{6})$ 的椭圆的标准方程。(DO3)
4. 已知点 A、B 的坐标分别是 $(-1,\ 0)$, $(1,\ 0)$，直线 AM、BM 相交于点 M，且直线 AM 的斜率与直线 BM 的斜率的商是 2，那么点 M 的轨迹是什么？请说明理由。(DO4)

【C】 请在下面的问题中至少选择一个完成。

1. 设定点 $F_1(0,\ -3)$、$F_2(0,\ 3)$，动点 P 满足条件 $|PF_1|+|PF_2|=a+\frac{9}{a}(a>0)$，则点 P 的轨迹是(　　)。(DO3、DO4)

   A. 椭圆　　B. 线段　　C. 不存在　　D. 椭圆或线段
2. 一动圆与已知圆 O_1：$(x+3)^2+y^2=1$ 外切，与圆 O_2：$(x-3)^2+y^2=81$ 内切，试求动圆圆心的轨迹方程。(DO2、DO4)
3. 设△ABC 的两个顶点 $A(-a,\ 0)$, $B(a,\ 0)$，顶点 C 在移动，且 $k_{AC}\cdot k_{BC}=k$，且 $k<0$，试求动点 C 的轨迹方程。(DO4)

【学后反思】

请尝试画出本主题学习的概念图，或写下自己需要求助的困惑，或分享何以学会的策略等。

03 英语：Healthy Eating

【设计者】

李俊、吴国军、唐慧红、汤吉、曹丽燕

【内容出处】

Unit 2 Healthy Eating: Warming up & Reading (I、II)。人教版高中英语必修 3(2007 年版),P9—11、P14—15。(2 课时)

【课标要求】

能从课文 Come and Eat Here I、II 中获取主要信息,能阅读健康饮食这一主题的一般性英语短文,并能与人交流饮食这一话题。

【学习目标】

1. 通过对标题和教材图片的解读,理解两者在文本中的作用,推测文本题材和文本内容;(SG)

2. 通过略读,提升对故事类文本的概括能力;能运用细读技能,分析两份菜单的优缺点,提高从文本获取信息的能力;(CS)

3. 通过深读并借助文中语句,交流与分析文本人物角色变化,提高文本解构能力,增强探究意识和语用能力;(CS)

4. 开展自主学习和小组活动,掌握文中重点词汇的意义和用法,能借助本文的健康饮食词汇,与人交流饮食这一话题,树立健康饮食的观念。(SG)

【评价任务】

1. 阅读标题与教材图片，完成任务 1；(DO1)
2. 略读与细读文本，完成任务 2；(DO2)
3. 分析语句，剖析人物角色变化，完成任务 3；(DO3)
4. 学习与运用词汇，完成任务 4。(DO4)

【学习过程】

资源与建议

1. 本主题从食物入手，探讨了三类平衡健康饮食，以此积累健康饮食词汇，树立健康饮食观念。本文属于故事类体裁，具有很强的代表性，为后续同类文章的学习积累方法和经验，为阅读类似文章奠定基础。

2. 本主题学习大致按照以下流程开展：设疑引入话题→预测课文内容→略读概括文本大意→细读了解文本细节→深读探究人物角色变化→学习与运用建议性词块讨论饮食话题。文中重点词汇的意义和运用贯穿学习的全过程。

3. 本主题的重点是训练学生的基本阅读技能——预测、略读、细读、深读等；难点是如何利用本文的健康饮食词汇，开展小组活动，交流有关饮食这一话题。

需要预习：12 分钟。预习教材 P95 词汇及补充词汇(见附录 2)，了解并能用相关词汇谈论三餐饮食：What do you usually have for breakfast/ lunch/ supper?

Step 1　Warming up (8 mins)

1. Present a formula on health (self-assessment) and ask: Are you in good health?

Are you in good health?

Formula(公式)：

$$\frac{\text{weight (kg)}}{[\text{height (m)}]^2} = ?$$

Underweight：<18.5
Normal weight：18.5–24.9
Overweightv：25–29.9
Obesity(极度肥胖)：BMI of 30 or greater

身体质量指数

2. Talk about the food for three meals and get to know 3 kinds of foods.

3. Free talk: What do you think is a healthy diet?

Make a comment on your own daily diet. ⟶Draw a conclusion: What is a healthy diet?

Step 2　Prediction (**2 mins**)

Question: According to the title and pictures, what do you think the text is going to tell us? And what is the writing style? (PO1)

Step 3　Reading

1. Skimming (10 mins)

Read and check if the story is the same as you have predicted. (DO1)

Summarize the main idea of the passage and share it in class.

2. Detailed reading (25 mins)

1) Read the passage a second time more carefully and find out the following: the cause, the development and the ending of the story. (PO2)

2) The cause of the story: ______________________ (DO2)

↓

The development of the story: (DO2)

Place	Event
Yong Hui's restaurant	
The library	
Wang Peng's restaurant	

→ Two menus (Below)

↓

The ending of the story: ______________________ (DO2)

Wang Peng's Menu
Food ______________________
____
____

Drink ______________________

Price ______________________

Yong Hui's Menu

Food ______________________

____

____

Drink ______________________

Price ______________________

** Compare the two menus and comment on their strengths and weaknesses.

Strengths:

____

Weaknesses:

____

** Provide an improved menu.

New Menu

Food ______________________

____

____

Drink ______________________

Reasons: ______________________

3. Post reading (5 mins)

Think how the relationship between WP and YH changes. (PO3)

________→________→________(DO3)

Step 4　Further up (15 mins)

Suppose you are planning to open a restaurant that provides a balanced diet. You and your partner are discussing how to handle it. (eg. food, service, advertisement, discount ...) (PO4)

Make up a dialogue and act it out. (DO4)

The following expressions may help you.

What should we do? Shall we ...? How about ...?

You must/mustn't ... I think you ought to ...

Perhaps you should ...

You'd better ... You need/needn't ...

You have to/don't have to ...

I would strongly advise you to ... You might ...

I suggest that you ...

My advice is/would be ... It might be a good idea to ...

Step 5 Summary (13 mins)

1. Make a summary about 'What is a healthy diet?' by referring to the following given words and expressions. (PO4)

Then make a presentation according to your understanding. (DO4)

Useful words and expressions:

- be rich/abundant/low/poor/lacking in
- put on/lose weight
- provide sb. with sth. /provide sth. for sb.
- keep a balanced diet
- contain
- eat properly
- essential [i'senʃ(ə)l] *adj.* 基本的;必要的
- lead to diseases
- for lack of 由于缺乏
- keep (sb.) fit/healthy
- fight against diseases
- cut down fat
- nutrient ['njutriənt] *n.* 营养成分
- be harmful to/do harm to/do good to/ ...

2. Summing up

From this period you have also learned some useful expressions related to healthy eating.

useful verbs: ________________

useful nouns: ________________

useful adjectives and adverbs: ________________

other expressions: ________________

Step 6　Assignment (2 mins)(【C】means the exercise is challenging and optional.)

1. Read the texts at least 3 times and try to retell the story by using the given key words (DO4):

(frustrated, strange, must have happened, curiosity, amazed, get away with, do some research, win ... back, combine, cut down, fall in love, get married, ... etc.)

2. Finish two supplementary passages (See Appendix 1).

【C】3. Use what has been learned to write a short passage to advertise your restaurant and its service (Refer to the textbook on P16). (DO4)

【学后反思】

Can you draw a mind map of learning the passage?

What reading strategies can you acquire from this passage?

What are your puzzles while you are reading and what help would you like to get from teachers?

附录1 (Appendix 1)

A

In the UK we have many different names for mealtimes, including 'Breakfast', 'Brunch', 'Elevenses', 'Lunch', 'Tea', 'Dinner' and 'Supper'! What people eat and when can vary greatly. In some parts of the UK, people may eat their meals at different times, and in some parts of the

UK, 'dinner' means 'lunch', and 'supper' means 'dinner'!

Although this may seem very confusing (and it is, even for British people!), many of the names are very old-fashioned, and not often used. 'Elevenses' and 'Tea' are examples of two old-fashioned snacks that are rarely eaten today. 'Elevenses' is eaten at 11:00 am, consisting of cake or biscuits with a cup of tea or coffee. Two traditional characters from English children's books, Winnie the Pooh and Paddington Bear, used to always 'take Elevenses'! 'Tea' is a very similar meal, and a British tradition, which involves snacking on cakes, with a cup of tea, and is normally eaten between 4:30 and 5:30 pm.

However because people tend to have busy lifestyles in contemporary Britain, we only eat three main meals each day — called breakfast, lunch and dinner.

Nowadays, people usually eat breakfast between 7:00 am and 9:00 am. Breakfast is considered a very important meal, and is essential to having a good start to the day. In fact, once a year there is a weekly campaign called 'Think Breakfast' to encourage people to eat better breakfast! The word 'Breakfast' comes from an old-fashioned phrase 'breaking the fast' (a 'fast' means not eating for a long period of time). So breakfast literally means eating again for the first time after sleeping through the night.

A traditional English breakfast includes sausages, bacon, fried eggs, mushrooms, baked beans, fried tomatoes, and toast with butter. However, these days most people don't eat a traditional breakfast every day, or even at all. This is because it is very unhealthy, and many people don't have time to cook. These days, most people eat a bowl of cereal (made from grains like corn, wheat and oats) with milk, or have a slice of toast with butter. In fact, in the UK the average person eats about 6 kilos of cereal every year — this is much more than most European countries. In the winter many people eat a hot cereal called 'porridge', which is made from oats. This is especially popular in Scotland.

Lunch is normally eaten between 12:00 pm and 2:00 pm. Because school-children and people at work are very busy, this is normally a quick meal. In fact, many parents give their children a 'packed lunch' in a plastic 'lunch-box'. This usually consists of a sandwich (two slices of bread with a filling inside, normally cheese or meat with some lettuce) and a packet of crisps, a piece of fruit and a drink.

However, on Sunday people usually have a longer and larger lunch called 'Sunday lunch'. It is a time that people like to spend with their family, and usually consists of a roast meat (like chicken, beef, lamb or pork), served with roast potatoes, Yorkshire pudding, vegetables and gravy (a thin sauce which is eaten with the meat).

Dinner is eaten in the evening. Children usually eat this earlier, at about 6:30 pm, though many adults eat later, between 7:00 and 8:00 or later. This is usually the main meal of the day, and a time for people to relax and enjoy a cooked meal with friends or family after a hard day at work. 'Going out for dinner' to a restaurant is a very popular way to have a date, and some people see eating good food as a very romantic thing to do.

1. What does this article mainly talk about?
   A. The origin of different names for mealtimes in the UK.
   B. Different kinds of foods for different meals in the UK.
   C. A brief introduction to different meals in the UK.
   D. Changed lifestyles in the UK shown from the change in meals.
2. Winnie the Pooh and Paddington Bear are mentioned in Paragraph 2 in order to ________.
   A. tell readers what Elevenses is
   B. show that Elevenses is a British tradition
   C. show that Elevenses dates back to a long time ago
   D. explain why the two traditional characters are popular
3. According to the article, which of the following statements is TRUE?
   A. Nowadays the British do not attach much importance to tradition.
   B. Most of the old still eat a traditional breakfast every day.
   C. Lunch is the main meal of the day for the British.

D. Busy lifestyles have changed the meals of the British.

4. The "Sunday lunch" is special, mainly because ________.

A. it is a big meal with the best dishes

B. there is plenty of time to eat

C. it is a time for family gathering

D. people feel more relaxed at this time

B

Sweet potatoes are fat-free, high in fiber and full of the vitamins that research suggests reduce your risk of life-shortening diseases. To stay healthy, we must eat more fruits and vegetables, and sweet potatoes are a great source of beta carotene(胡萝卜素) and other carotenoids (which the body turns into vitamin A). According to a study of the diets of almost 90,000 nurses, eating about one cup a day of fruits and vegetables rich in carotenoids can cut your risk of stroke in half and reduce your risk of heart disease by 22 percent. Other research suggests beta carotene protects against breast, lung and stomach cancers.

Beta carotene is the most famous member of the carotenoids family. In fact, a medium-sized sweet potato contains nearly 12 mg of beta carotene (anti-aging experts usually suggest 6 to 11 mg per day). Sweet potatoes are also a low-fat source of vitamin E. Research has linked high E diets with a lower risk of heart disease. This vitamin pill in an orange jacket also packs a vitamin C punchit which has more C than apricots (a kind of fruit). Research suggests that vitamin C protects against ailments (小疾) ranging from cataracts (an eye disease) to cancer. In addition, a UCLA (University of California Los Angeles) study linked high vitamin C diets with a longer life. Recent studies have showed that antioxidant Vitamins C, E and beta carotene fight a fierce battle against free radicals (自由基), which cause cell (细胞) damage and lead to various illness. Therefore, to keep fit, eat more sweet potatoes.

5. According to the text, there exists a lot of ________ in sweet potatoes.

A. fiber, beta carotene, other carotenoids, Vitamin E and C

B. beta carotene, other carotenoids, fiber, Vitamin A and E

C. Vitamin A, beta carotene, fiber, Vitamin E and C

D. beta carotene, other carotenoids, Vitamin A and E

6. This text as a whole suggests that eating sweet potatoes can help ________.

A. cut your risk of stroke and heart disease

B. protect against breast, lung and stomach cancers

C. protect against ailments ranging from cataracts to cancers

D. you stay healthy and reduce your risk of life-shortening diseases

7. " This vitamin pill in an orange jacket"in the passage refers to ________.

A. sweet potato　　B. vitamin C pill

C. vitamin E pill　　D. beta carotene

8. The best title for this passage might be"________".

A. The Vitamin Superstar　　B. On Sweet Potatoes

C. Beta Carotene and Vitamins　　D. Diet and Disease

附录 2 (Appendix 2)

1. Vocabulary on Food:

beef soup 牛肉汤
tomato soup 西红柿汤
cabbage soup 洋白菜汤
vegetable soup 菜汤
chicken soup 鸡汤
creamed chicken soup 奶油鸡汤
fish and tomato soup 红鱼汤
creamed ham soup 奶油火腿汤
beef balls soup 牛肉丸子汤
hot and sour soup 酸辣汤
curry chicken soup 咖喱鸡汤
hamburger 汉堡包
sandwich 三明治
tuna sandwich 金枪鱼三明治
hotdog 热狗
pancake 烤饼/薄饼
biscuits/crackers/cookies 饼干
pizza 比萨饼
meat-pie 肉饼
oatmeal 燕麦粥
French fries 炸薯条
pudding 布丁

spaghetti 意大利面条
millet gruel 小米粥
meat pie 馅饼
steamed twisted roll 花卷
wonton 馄饨
fried noodles 炒面
noodles with soybean paste 炸酱面
spring roll/egg roll 春卷
soybean milk 豆浆
steamed chicken 清蒸鸡
Beijing roast duck 北京烤鸭
red-cooked pork 红烧肉
stir-fried liver 炒猪肝
tofu 豆腐
steamed turtle 炖甲鱼
porridge 粥
steamed bun/steamed bread 包子/馒头
pancake 煎饼
dumpling 饺子
noodles 面条
beef noodles 牛肉面
rice noodles 米线
egg fried rice 蛋炒饭
deep-fried dough sticks 油条
braised chicken 焖鸡
preserved eggs 松花蛋
sweet-sour pork 糖醋肉
meat balls 肉丸子
fried prawns 炸大虾
sweet-and-sour fish 糖醋鱼

2. Proverbs on food:

We are what we eat. 人如其食。

An apple a day keeps the doctor away. 一天一苹果,医生远离我。

Eat to live, but not live to eat. 吃饭是为了生存,但生存不是为了吃饭。

Eat at pleasure, drink with measure. 随意吃饭,适度饮酒。

Diet cures more than doctors. 自己饮食有节,胜过上门求医。

Leave off with an appetite. 吃得七分饱,就该离餐桌。

First wealth is health. 健康是人生的第一财富。

Good health is over wealth. 健康是最大的财富。

A light heart lives long. 豁达者长寿。

Early to bed and early to rise makes a man healthy, wealthy and wise.
早睡早起会使人健康、富有和聪明。

Without health no pleasure can be tasted by man. 没有健康就没有乐趣。

04 物理：弹力

【设计者】

吴建惠、王建峰、徐建初、魏俊枭、范文旭

【内容出处】

§3.2 弹力。人教版高中物理必修1(2010年版)，P54—56；必修1实验手册，P37—39。(3课时)

【课标要求】

知道常见的形变，通过实验了解物体的弹性，知道胡克定律。

【学习目标】

1. 通过动手操作，经历对常见形变的实验观察，概括出弹力的概念，学会依据弹力概念判断弹力有无的基本方法，增强对实验现象的观察与分析能力；(SG)

2. 会画弹力示意图，领悟假设法、移除法、平衡法等科学方法在处理弹力问题中的思维程序，提高解决实际物理问题的能力；(SG)

3. 通过实验，探究弹力大小与形变量的关系，会用胡克定律的数学表达式和图象解决简单的实际问题，提高利用图象信息处理实验数据的能力；树立尊重实验证据、实事求是的科学态度。(SG)

【评价任务】

1. 独立完成例 1(DO1);
2. 独立完成例 2(DO2)及其变式 1(DO2)、变式 2(DO1、DO2);
3. 独立完成例 3(DO3)及其变式 3(DO1、DO3);
4. 独立完成检测与作业(DO1、DO2、DO3)。

【学习过程】

资源与建议

1. 弹力是三大常见力之一,是力学的核心内容,也是以后正确进行受力分析的基础。本主题的学习,是在初中时对弹力有初步感性认识的基础上,进一步深化对弹力的认识。

2. 本主题的重点是弹力概念(产生原因及弹力的三要素);难点是常见的弹力方向的确定。学习过程涉及对放大等物理思想的体悟,以及对"实验—观察—思考—归纳"的科学探究方法的应用。

3. 本主题的学习,需依次研究 3 个问题: 弹力产生的条件→弹力的方向特征→决定弹力大小的因素。学习中要结合实例研究,形成"形变、弹性形变和弹力"的概念,领悟常见弹力(压力、支持力、拉力、提力、举力等)方向的判断方法。你可以通过例 1、2、3 及变式 1、2、3 的学习突破以上重难点;可以通过"评价任务"、"检测与作业"的完成情况来判断自己对学习目标的掌握程度。

课前准备

自学查询弹力、弹性形变、非弹性形变、劲度系数、胡克定律、胡克生平(百度:"罗伯特 · 胡克: 被遗忘的科学天才")。

一、实验观察与交流

1. 观察以下四个小实验,你有什么发现?

① 薄钢条在力的作用下弯曲,外力撤除后恢复原状。

② 橡皮筋在力的作用下被拉伸,外力撤除后恢复原状。

③ 海绵上放置重物后表面向下凹陷(压缩),外力撤除后恢复原状。

④ 用力捏橡皮泥，橡皮泥将被压扁，但外力撤除后不能恢复原状。

2. 同伴交流：交流体验心得→反馈预习感悟、困惑→提出问题。

二、核心问题探究

交流要点陈述：

1. 有弹力相互作用的物体是否都直接接触？______________。

2. 有弹力相互作用的物体是否都发生形变？______________。

问题 1 弹力有哪些产生条件？(PO1)

实验探究：怎样观察微小形变？

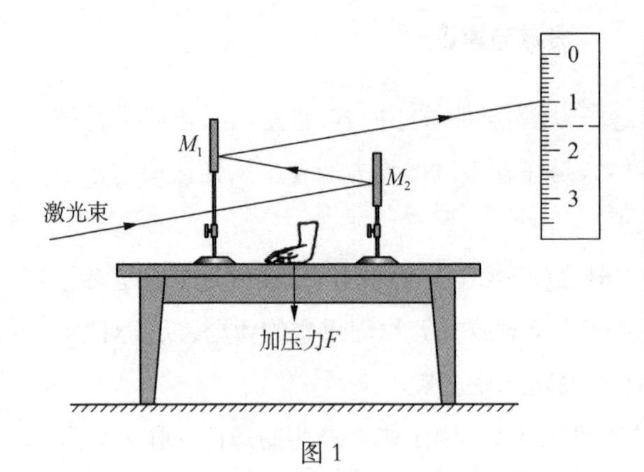

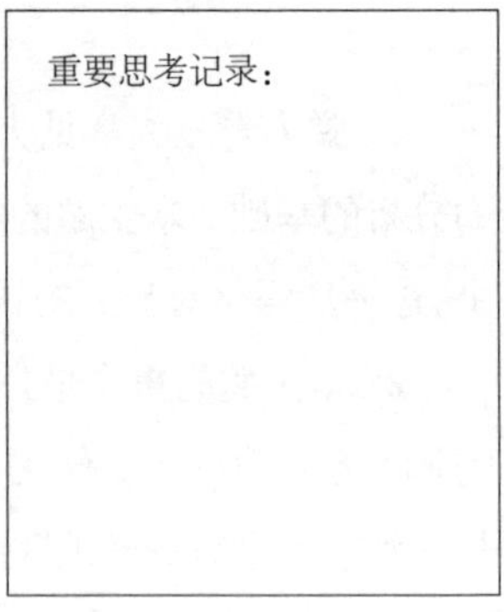

图 1

① 演示如图 1 所示的桌面微小形变“放大”实验。

② 如图 2 所示，观察玻璃瓶的微小形变。

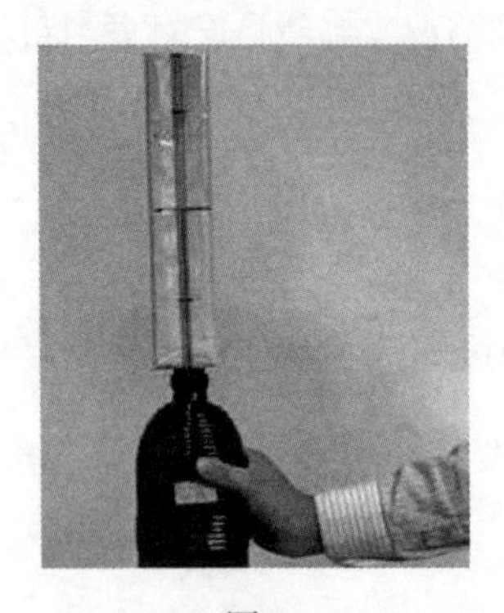

重要思考记录：

图 2

同伴讨论归纳：

弹力产生的条件：①________；②________。

例 1　书放在水平桌面上，书会受到弹力的作用，产生这个弹力的直接原因是(　　)。(DO1)

A．书的形变　　　　　　B．书的重力

C．书和桌面的形变　　　D．桌面的形变

问题 2　弹力有哪些方向特征？(PO2)

观看视频及图片并进行讨论，分析体悟弹力方向特征。

重要结论记录：

弹力方向特征：________________________________。

思考提示：

① 压力和支持力的方向如何？________________________。

② 绳子拉力方向如何？____________________________。

③ 杆子作用力方向如何？__________________________。

例 2　(1) 人教版必修 1P56，“问题与练习”第 2 题。(DO2)

(2) 判断地面对杆是否存在弹力，我的思维程序为：

____

____。

变式 1　人教版必修 1P56，“问题与练习”第 3 题。(选做，DO2)

变式 2　把一木块放在水平桌面上保持静止，下面说法中正确的是(　　)。(选做，DO1、DO2)

A．木块对桌面的压力就是木块受的重力

B．木块对桌面的压力是桌面发生形变而产生的

C．木块对桌面的压力在数值上等于木块受的重力

D．木块对桌面的压力与桌面对木块的支持力保持平衡

问题 3　弹力大小与什么因素有关？(PO3)

胡克定律探究(参考必修 1 实验手册 P37—39)：

① 自主观察、猜想；

② 实验探究，如图 3 所示(实验原理、器材、组装、操作、数据收集)；

③ 学生处理数据、分析结果，总结；

图 3

④ 完成实验报告 (见实验手册)。

例 3 人教版必修 1P56,“问题与练习”第 4 题。(DO3)

变式 3 如图 4 所示,轻弹簧 A 端与墙固定。用力 F 拉弹簧 B 端,达到稳定状态后,下列判断中正确的是( )。(选做,DO1、DO3)

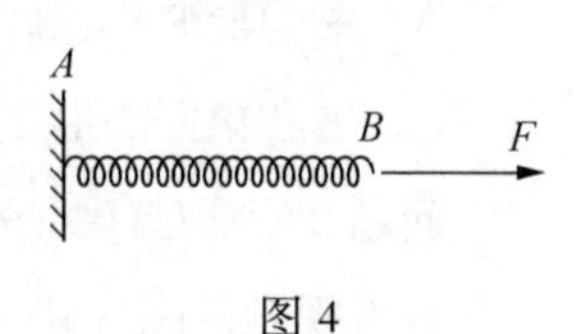

图 4

A. 弹簧与墙之间没有弹力

B. 墙对弹簧的弹力是墙发生弹性形变引起的

C. 在弹性限度内,F 的大小与 AB 间距成正比

D. F 越大,弹簧的劲度系数越大

课外动手操作:

① 人教版必修 1P56,“问题与练习”第 1 题。

② 请你制作一个简易弹簧秤,并写出制作步骤。

③ 如果把两根弹簧串联起来,请你猜想前面实验中得到的弹簧弹力与弹簧伸长量之间的关系图会有什么改变(从图象性质和倾斜程度两个方面考虑)。实际做一做证实你的猜想。

三、自主小结

1. 请你对本主题的知识进行梳理,完成下面的概念图。

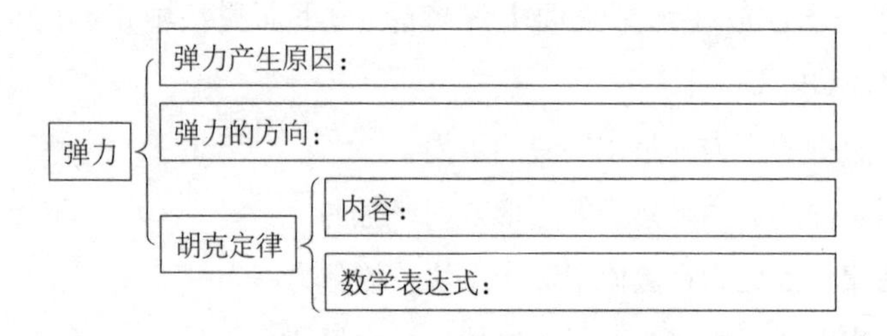

2. 在本主题的学习过程中,主要采取了哪些方法?

【检测与作业】(【C】部分为挑战题,供选做。)

1. 放在水平桌面上的苹果处于静止状态,下列说法中正确的是( )。(DO1)

A. 由于苹果发生微小的形变,使苹果受到重力作用

B. 苹果受到的重力与桌面对苹果的弹力等大

C. 由于桌面发生微小的形变,对桌面产生垂直于桌面向下的弹力

D．由于苹果发生微小的形变，对桌面产生垂直于桌面向下的弹力

2. 如图 5 所示，一个球形物体静止于光滑水平面上，并与竖直光滑墙壁接触，A、B 两点是球跟墙和地面的接触点，则下列说法中正确的是（　　）。(DO2)

A．A、B 接触点都存在弹力

B．A 接触点无弹力，B 接触点有弹力

C．墙对小球弹力的方向水平向右

D．地面对小球弹力的方向竖直向下

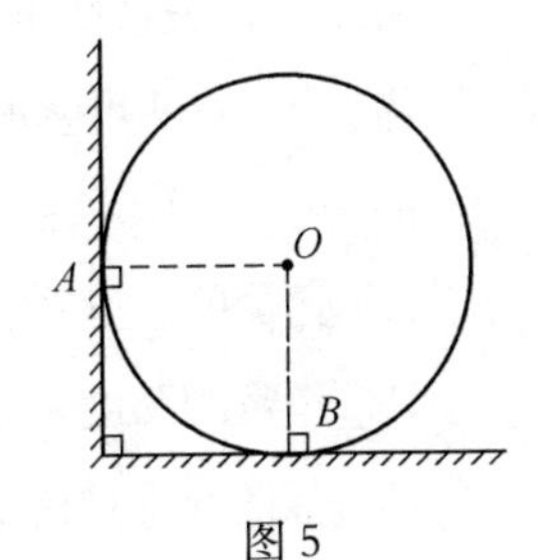

图 5

3. 在如图 6 所示的四种情况中，物体 A、B 之间一定有弹力的是（　　）。(DO2)

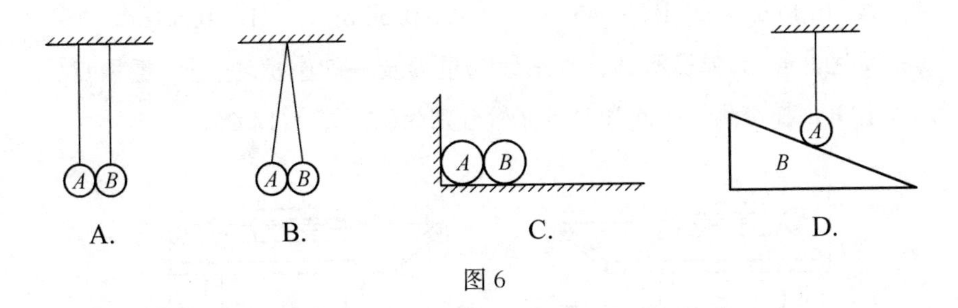

图 6

4. 一根轻质弹簧的劲度系数为 1 000 N/m，在弹簧两端有两个人沿着弹簧的轴线向相反方向各用 200 N 的力拉弹簧，则该弹簧的伸长量是（　　）。(DO3)

A．10 cm　　B．20 cm　　C．40 cm　　D．50 cm

5. 如图 7 所示，静止的小球或物块与另一物体(或接触面)接触，若各接触面光滑，请画出物体 A 所受弹力的示意图。(DO2)

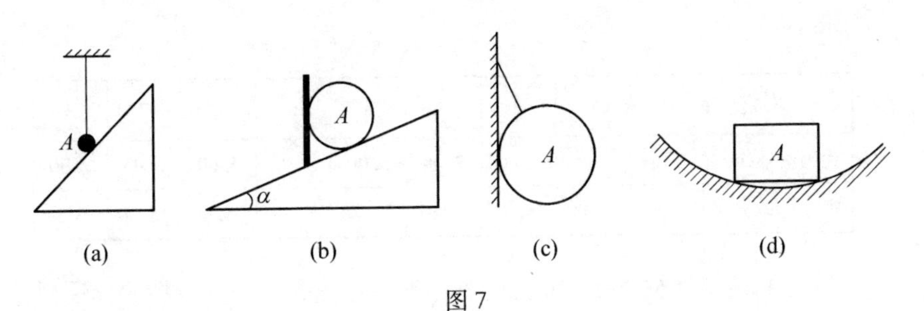

图 7

6. 某同学用一根弹簧和一把直尺来测量重物的重量，如图 8 所示。在未悬挂重物时，指针正对刻度 5；在弹性限度内，当挂上 80 N 重物时，指针正对刻度 45。下列说法中正确的是(　　)。(DO3)

图 8

A. 弹簧的劲度系数 $k=200$ N/m

B. 弹簧的劲度系数与所挂重物无关

C. 若指针正对刻度 20，则物体重为 30 N

D. 若指针正对刻度 20，则物体重为 40 N

7. 一根轻质弹簧，它在 100 N 的拉力作用下，总长度为 0.55 m；它在 300 N 的拉力作用下，总长度为 0.65 m。则弹簧的自然长度为(　　)。(DO3)

A. 0.40 m　　B. 0.45 m　　C. 0.50 m　　D. 0.55 m

8. 如图 9 所示，弹簧测力计和细线的重力及一切摩擦均不计，重物 $G=1$ N，则弹簧测力计 A 和 B 的示数分别为(　　)。(DO2)

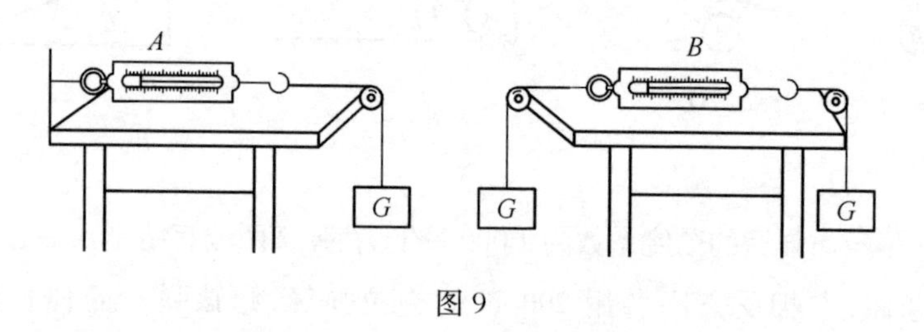

图 9

A. 1 N, 0　　B. 0, 1 N　　C. 2 N, 1 N　　D. 1 N, 1 N

9. 某同学用如图 10 甲所示的装置做探究弹力和弹簧伸长关系的实验。他先测出不挂钩码时弹簧下端指针所指的标尺刻度，然后在弹簧下端挂上钩码，并逐个增加钩码，测出指针所指的标尺刻度，所得数据如下表所示：

实验次序	1	2	3	4	5	6	7	8
钩码质量($m/\times10^2$ g)	0	1.00	2.00	3.00	4.00	5.00	6.00	7.00
标尺刻度($x/\times10^{-2}$ m)	15.00	18.94	22.82	26.78	30.66	34.60	42.00	54.50

(1) 根据所测数据，在图 10 乙的坐标纸上作出弹簧指针所指的标尺刻度值 x 与钩码质量 m 的关系图线。

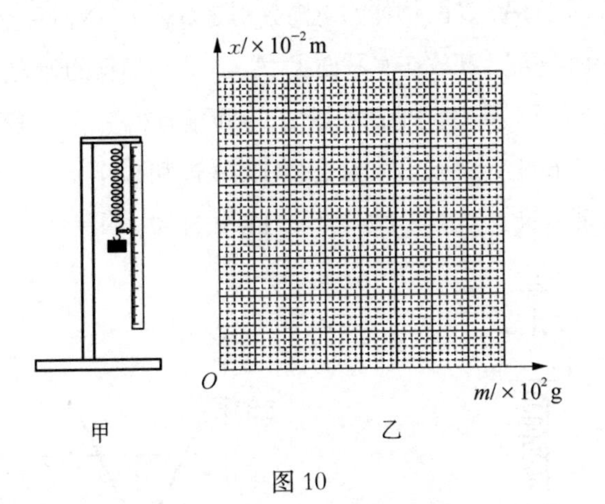

图 10

(2) 根据所测得的数据和关系曲线可以判断,在________N 范围内,弹力的大小 F 与弹簧的伸长量 Δx 满足关系式________,其中弹簧的劲度系数 $k=$ ________N/m (g 取 9.8 m/s^2)。(DO3)

【C】请在以下三题中任选二题完成。

10. 如图 11 甲所示,一个弹簧一端固定在传感器上,传感器与电脑相连。当对弹簧施加变化的作用力(拉力或压力)时,在电脑上得到了弹簧长度的形变量与弹簧产生的弹力的关系如图 11 乙所示。下列判断中正确的是(　　)。(DO3)

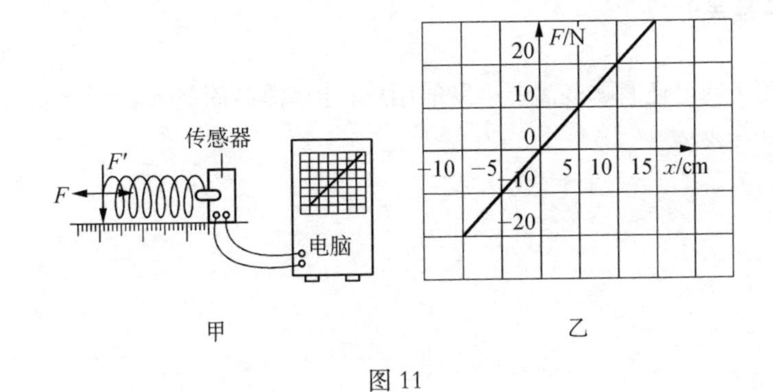

图 11

A. 传感器只能显示拉力

B. 弹簧长度的增加量与对应的弹力增加量成正比

C. 该弹簧的劲度系数是 200 N/m

D. 该弹簧受挤压时,劲度系数变小

11. 如图 12 所示,A、B 两物体的重力分别是 $G_A = 3\ \mathrm{N}$, $G_B = 4\ \mathrm{N}$, A 用细线悬挂在顶板上,B 放在水平面上,A、B 间轻弹簧的弹力 $F_1 = 2\ \mathrm{N}$, 则细线的拉力 F_2 及 B 对地面的压力 F_3 可能是(　　)。(DO2)

A. 5 N 和 6 N　　B. 5 N 和 2 N

C. 1 N 和 6 N　　D. 1 N 和 2 N

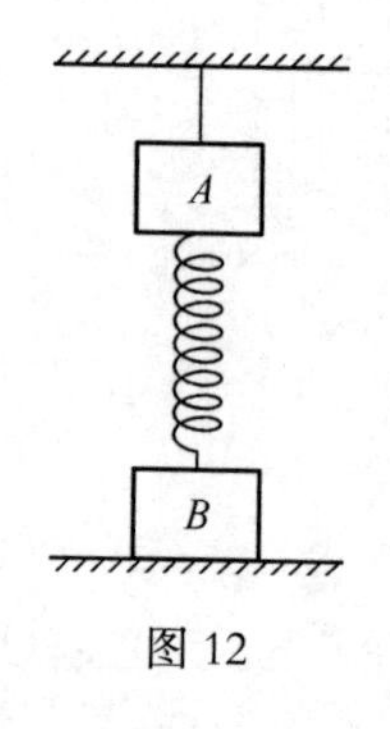

图 12

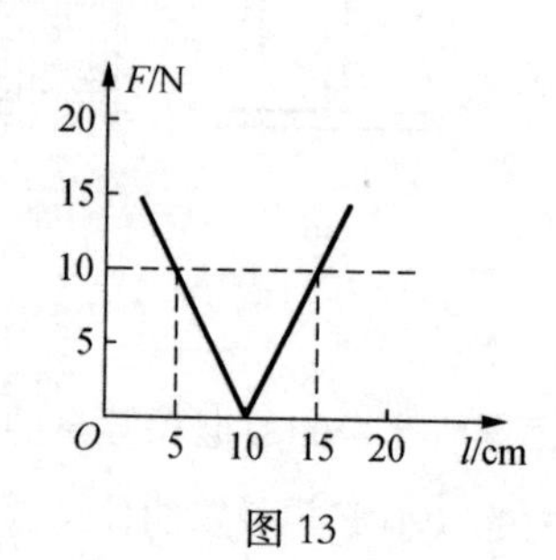

图 13

12. 如图 13 所示为一轻质弹簧的长度 l 和弹力 F 大小的关系图像,试由图线确定:

(1) 弹簧的原长;

(2) 弹簧的劲度系数;

(3) 弹簧长为 0.20 m 时弹力的大小。(DO3)

【学后反思】

写下自己还有哪些需要求助的困惑;分享提高简易弹簧秤精度所采取的方法与经验。

05 化学：氯气

【设计者】

吴伟、雍建红、苏艳丽、李梅

【内容出处】

专题2第一单元“氯、溴、碘及其化合物”。苏教版高中化学必修1(2014年版),P40—44。(2课时)

【课标要求】

了解从海水中获取氯的基本原理和方法;了解实验室用二氧化锰和浓盐酸制取氯气的方法;了解工业生产氯气的原理;初步掌握氯气的重要性质,认识氯及其化合物在生产生活中的重要应用。

【学习目标】

1. 通过观看视频资料,能说出工业上从海水中提取氯化钠,进而通过电解法获得氯的方法,体会海水是人类的宝贵资源,增强保护海洋资源的意识;(SG)

2. 理解用二氧化锰和浓盐酸制备氯气的反应原理,经历制取氯气的实验设计过程,概括实验室气体制备的一般流程,体会气体制备的基本实验思想;了解增设尾气处理装置的意义,增强绿色应用的化学观念;(SG)

3. 经历实验室模拟电解饱和食盐水制取氯、碱的实验过程,初步理解工业生产氯气的原理;知道电解也是一种获取化学物质的常用方法,增强知

 识的应用意识;(SG)

4. 经历氯气与水、碱、金属等物质反应的实验过程,提高实验操作能力;能熟练书写相关化学反应方程式;掌握氯气的化学性质,初步形成结构决定性质的化学观念;通过解释氯及其化合物在生产生活中的应用实例,体会学习化学的意义和价值。(SG)

【评价任务】

1. 完成思考 2 和练习 1、2;(DO2)
2. 完成小组合作任务和思考 3;(DO1、DO3)
3. 完成思考 5、6、7、8,总结归纳氯气的化学性质。(DO4)

【学习过程】

资源与建议

1. 在教材的编写体系中,你将从“专题 2”开始逐渐认识各种元素化合物。而之前的“专题 1”主要让你学会怎样从化学家的视角去认识物质世界。“专题 1”的内容,既是化学学习入门的重要概念和理论基础,又是研究化学问题的重要方法和工具。本主题的学习,要以“专题 1”有关知识、方法和工具为基础,去解决问题、解释现象、分析原因,进一步体会这些理论、方法在解决实际问题时的意义和价值。本主题的学习过程中,你要逐渐形成“结构观”、“微粒观”、“平衡观”、“绿色观”等化学基本观念。

2. 本主题的学习可按以下流程进行:氯元素在自然界中的主要存在形式→氯气的发现史→氯气的实验室制法→氯气的工业制法→氯气的物理性质→氯气的化学性质→氯气的用途。这也是今后学习元素化合物知识的经典流程。

3. 本主题的重点是氯气的性质及其用途,难点是氯气实验室制法的实验设计,以及对氯气和水反应产物的分析和推断。你可以通过对比 O_2、H_2、CO_2 的实验室制法,运用实验探究的手段、微粒观和守恒观的方法来突破难点。

一、认识氯元素在自然界中的主要存在形式(PO1)

阅读教材 P40 图 2-1 及 PPT,回答:

海水中除 H 和 O 外,含量较高的两种元素是________和________;

思考 1:

(1) 运用原子结构知识和电解质知识分析,这两种元素在海水中的存在形式是________(填写物质或微粒化学式);

(2) 如果要把它们转化为单质,从微粒结构角度看,发生了什么变化?画出用化学语言表示的示意图:____;

(3) 如果用化学反应来实现,这样的反应一定属于什么反应类型?________________。

二、探究从 $\overset{-1}{Cl}\rightarrow\overset{0}{Cl}$ (Cl_2)的方法之一——氯气的发现及实验室制氯气(PO2)

1. 阅读教材 P41"化学史话——氯的发现"及 PPT,回答:

(1) 舍勒制出氯气的化学反应方程式是:____________________________;

(要点:MnO_2 是黑色难溶于水的固体,稀盐酸与 MnO_2 难以反应,该反应必须加热。)

(2) 指出该反应的氧化剂________、还原剂________、还原产物________和氧化产物________;

(3) 如何根据该反应原理,设计实验室制取少量氯气的装置?____。

2. 问题探究:怎样设计制取并收集氯气的实验装置?

阅读 PPT,回答:

PPT 中,A、B 是初中学过的 O_2、H_2、CO_2 的发生装置图。其中 O_2 的制取如果用加热 $KMnO_4$ 的方法,应选用________,如果用 H_2O_2 溶液在 MnO_2 催化条件下分解,应选用________,制取 H_2、CO_2 则可用________。

思考 2:

(1) 以上装置是否适用于 Cl_2 的制取?________。为什么要用教材 P41 图 2-3 中装置制取 Cl_2?________________________;

(归纳整理:气体发生装置的选择依据是________________________)

(2) 在知道 Cl_2 在水中溶解性情况之前,你会选择哪种收集方法,为什么?________________;

(归纳整理:气体收集装置的选择依据是________________________)

你能找到哪些方法证明瓶中 Cl_2 已经收集满?____________________;

(3) 氯气是一种有毒气体，集满后逸出会有什么后果？________。该如何改进？____；

(4) 这样收集到的 Cl_2 会混有哪些杂质气体？________。除去 Cl_2 中的杂质气体通常用什么方法？________。已知 Cl_2 能与 NaOH 反应，能溶于水，但难溶于饱和食盐水。你认为怎样改进教材 P41 图 2－3 的装置，以收集到纯净而干燥的氯气？

____。

归纳整理：画出实验室制取较为纯净的氯气、并符合安全原则的装置图。(DO2)

练习 1 大家来找茬——指出装置中的错误。(DO2)

____

____

____

____

____

____

____

____

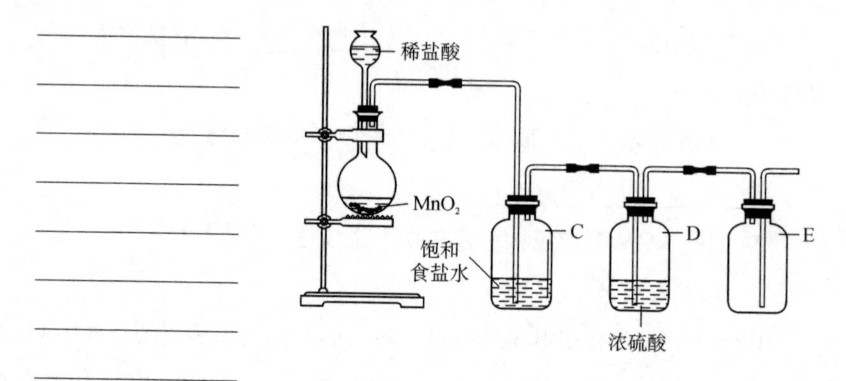

练习 2 实验室制取氯气时有如下操作，操作顺序正确的是(　　)。(DO2)

① 连接好仪器，检查气密性　② 缓缓加热，加速反应，使气体均匀逸出　③ 在圆底烧瓶中加入二氧化锰粉末　④ 从装有浓盐酸的分液漏斗中将浓盐酸缓缓滴入烧瓶中　⑤ 多余的氯气用 NaOH 溶液吸收　⑥ 用向上排空气法收集氯气

A．①②③④⑤⑥　　B．①③④②⑥⑤

C．①③④⑥②⑤　　D．③④②①⑥⑤

练习 3 用下列两种方法制取氯气：①用含 4 mol HCl 的浓盐酸与足量

的二氧化锰反应；②用 1 mol 二氧化锰与足量的浓盐酸反应，则所得氯气(　　)。(DO2)

A. ②比①多　　　　B. ①比②多

C. 一样多　　　　D. 无法比较

自主阅读(供课后整理用)：

(1) 常见气体的制备方法归纳

装置类型	固体反应物(加热)	固液反应物(不加热)	固(液)液反应物(加热)
装置示意图	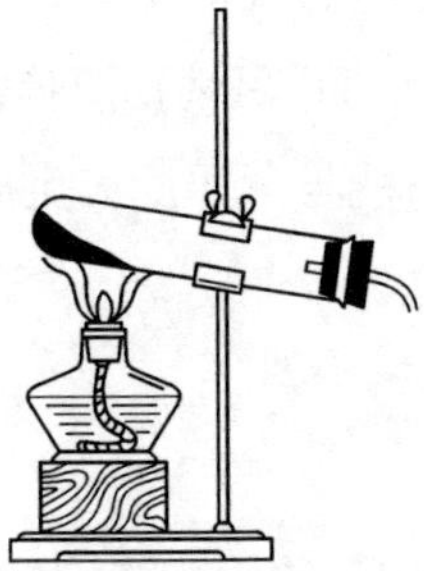	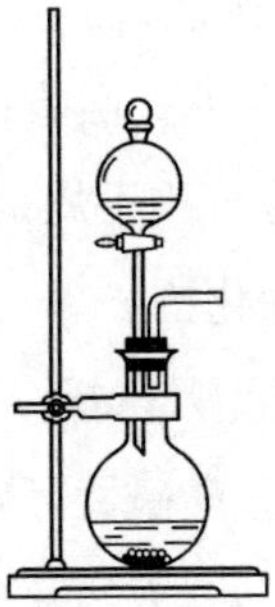	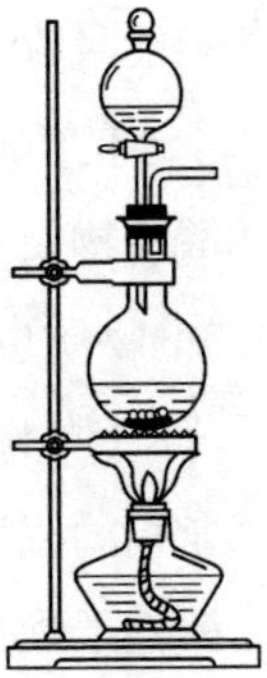
主要仪器	大试管、酒精灯	分液漏斗、圆底烧瓶	分液漏斗、圆底烧瓶、酒精灯
典型气体	O_2、NH_3 等	O_2、H_2、CO_2 等	Cl_2
操作要点	(1) 试管口应稍向下倾斜，以防止产生的水蒸气在管口冷凝后倒流而引起试管破裂。 (2) 铁夹应夹在距试管口 1/3 处。 (3) 胶塞上的导管伸入试管里面不能太长，否则会妨碍气体的导出。	(1) 在用简易装置时，如用长颈漏斗，漏斗颈的下口应伸入液面以下，否则起不到液封的作用。 (2) 加入的液体反应物(如酸)要适当。 (3) 块状固体与液体的混合物在常温下反应制备气体可用启普发生器制备。	(1) 先把固体药品加入圆底烧瓶，然后加入液体。 (2) 要正确使用分液漏斗。 (3) 加热时圆底烧瓶应垫石棉网。

(2) 气体的净化与干燥装置

① 设计原则：根据净化所用药品的状态及条件

② 装置基本类型：

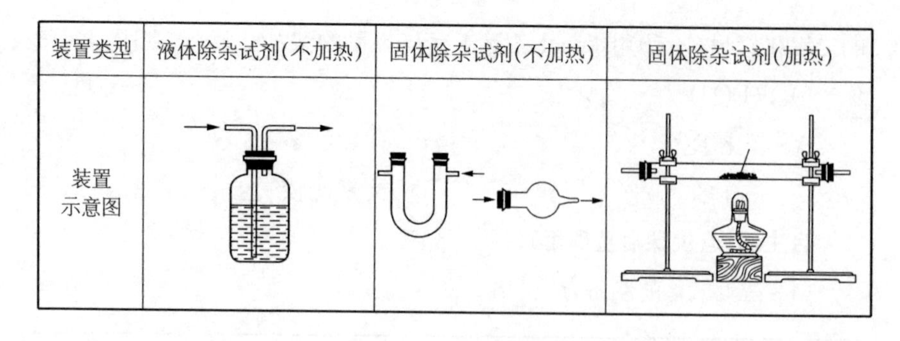

装置类型	液体除杂试剂(不加热)	固体除杂试剂(不加热)	固体除杂试剂(加热)
装置示意图			

③ 气体净化剂的选择

选择气体净化剂应根据气体的性质和杂质的性质而确定,所选用的净化剂只能吸收气体中的杂质,而不能与被提纯的气体反应。一般情况下:易溶于水的气体杂质可用水来吸收;酸性杂质可用碱性物质吸收;碱性杂质可用酸性物质吸收;水分可用干燥剂来吸收;能与杂质反应生成沉淀(或可溶物)的物质也可作为净化剂。

④ 气体干燥剂的类型及选择

常用的气体干燥剂按酸碱性可分为三类:

酸性干燥剂,如浓硫酸、五氧化二磷、硅胶。酸性干燥剂能够干燥显酸性或中性的气体,如 CO_2、SO_2、CO、H_2、O_2、CH_4 等气体。

碱性干燥剂,如生石灰、碱石灰、固体 NaOH。碱性干燥剂可以用来干燥显碱性或中性的气体,如 NH_3、H_2、O_2、CH_4 等气体。

中性干燥剂,如无水氯化钙等,可以干燥中性、酸性、碱性气体,如 O_2、H_2、CH_4 等。

(3) 气体的收集装置

① 设计原则:根据气体的溶解性或密度

易溶或与水反应的气体:用向上(或下)排空气法;

与空气成分反应或与空气密度相近的气体:排水(液)法;

可溶性气体考虑用排液法;

两种方法皆可用时,排水法收集的气体较纯。若欲制取的气体要求干燥,用排空气法或排非水溶剂法。

② 装置基本类型:

装置类型	排水(液)集气法	向上排空气集气法	向下排空气集气法
装置示意图			
适用范围	不溶于水(液)的气体	密度大于空气的气体	密度小于空气的气体
典型气体	H_2、O_2、NO、CO、CH_4	Cl_2、HCl、CO_2、SO_2	H_2、NH_3、CH_4

(4) 尾气处理装置—安全装置

尾气的处理方法：直接排放、直接吸收、防倒吸吸收、燃烧处理、气袋收集。

三、探究从 $\overset{-1}{Cl} \rightarrow \overset{0}{Cl}(Cl_2)$ 的方法之二——电解法制氯气方法的发现及工业制氯气(PO3)

问题探究：(四人小组合作)完成实验(一)，理解氯气的工业生产原理。(DO3)

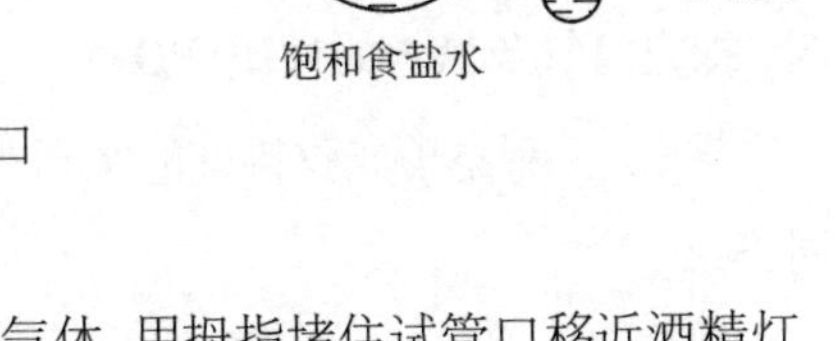

请按以下实验步骤完成实验：

1. 按图组装仪器(注意铁棒、碳棒所连电极)，向 U 型管中加入饱和食盐水。打开电源。

2. 用淀粉-KI 溶液检验 b 导管口产生的气体。

3. 用小试管收集 a 导管口产生的气体，用拇指堵住试管口移近酒精灯，松开拇指。

4. 关闭电源，向 U 型管两边溶液中滴加 1—2 滴酚酞溶液。

任务 1 (四人小组合作)认真观察、记录并分析实验现象。

	实验现象	结论
1	通电后两极________。	
2	将铁棒上方收集到的气体靠近火焰，________。	

(续表)

	实验现象	结论
3	b导管口________,通入淀粉碘化钾溶液中时________。	
4	向溶液中滴加1—2滴酚酞溶液,________。	

经验分享:实验是探索化学知识的重要手段。你是如何根据实验现象去推测反应产物的?

____

____。

思考3:

(1) 写出电解饱和食盐水的化学方程式:

____。

(2) 根据反应现象指出产物分别在哪个电极区产生:

____。

归纳整理:氯气工业制法的原理(反应方程式)、原料、条件和实验室模拟装置。(DO3)

四、探究氯气及氯水的性质(PO4)

探究1:观察事先收集好的氯气样品,并结合教材P41最后一段文字,回答:

氯气是一种________色、有________气味、密度________的________。

探究2:氯气在水中的溶解性。

观察并思考:用一支100 mL针筒抽取80 mL氯气,然后抽取20 mL水,振荡,观察实验现象:______________________________。

由该实验可证明氯气________溶于水,且常温下1体积水约能溶解________体积氯气。

思考4: 联想初中时认识的几种气体:O_2、H_2、N_2、CO,虽然在水里的溶解度各不相同,但只是发生了分散到水里的物理变化。而对于CO_2、

SO_2、NH_3 这样的气体,溶于水不仅是物理变化,更发生了化学反应生成新的物质,使其水溶液呈现酸性或碱性。那么氯气溶于水,属于何种情形?怎样设计实验探究此问题?

____

____。

探究 3:(四人小组合作)完成教材 P43“活动与探究”实验 2,将氯气的水溶液(氯水)滴在一片 pH 试纸上,观察实验现象。

____

____。

任务 2 (四人小组合作)运用所学过的化学知识,根据 PPT 上的提示,分析实验现象中的“正常”(pH 试纸上氯水的边缘区域呈红色)与“异常”(pH 试纸上氯水的中心区域变白色)现象产生的原因。

思考 5:(DO4)

(1) 教材 P43“活动与探究”中实验 1、2、3 的设计意图是什么?

____;

(2) 氯水中含有哪些微粒?

____;

(3) 氯气溶于水属于什么变化?

____;

(4) 氯气与水的反应特点与以前学过的化学反应有何不同之处?

____。

阅读活动:教材 P43 关于“次氯酸”部分的内容,回答:次氯酸有什么性质?

____。

经验分享:氯水中成分的推测是一个严密的逻辑思维过程,你是怎样运用所学化学知识逐渐揭开“层层面纱”,弄清其各种微粒组分的?

____

____。

练习 下列有关氯气的叙述中,不正确的是( )。(DO4)

A. 氯气是一种黄绿色、有刺激性气味的气体

B. 氯气、液氯和氯水是同一种物质

C. 氯气能溶于水

D. 氯气是一种有毒的气体

五、探究氯气的化学性质(PO4)

思考 6: (DO4)

(1) 由氯气与水的化学反应,你能联想到氯气一定还能与什么物质发生反应吗?

______________________________;

(2) 写出相关的化学反应方程式。

______________________________。

阅读活动: 阅读教材 P43 倒数第 2 段文字及化学方程式,了解氯气该性质在工业上的用途。

______________________________;

阅读活动: 阅读教材 P44 第 1 段文字及化学方程式,了解次氯酸钙的化学性质。

______________________________。

思考 7: (DO4)

(1) 为什么不直接用次氯酸做漂白剂和消毒剂? 通常用什么物质? 有什么好处?

______________________________;

(2) 84 消毒液和漂白粉的成分分别是什么? 如何起漂白作用的? 试写出化学方程式,为防止失效,应如何保存?

______________________________。

探究: 教材 P42“观察与思考”实验 2、3、4,观察实验现象。

______________________________。

思考 8: (DO4)

(1) 写出以上化学反应方程式:

______________________________;

(2) 氯气与金属钠、铁、铜反应的共性是什么?

______________________________;

(3) 氯气的这种性质是由什么决定的?

____。

小结:氯气的化学性质。(DO4)

练习 用氯气跟单质化合不能直接制取的物质是(　　)。(DO4)

A. KCl　　B. $FeCl_2$　　C. $FeCl_3$　　D. $CuCl_2$

课堂小结

1. 本主题你学习了哪些制取氯气的方法?它们之间有什么区别和联系?
2. 本主题我们学习了氯气及其化合物的哪些性质?它们有什么应用?
3. 你在探究过程中主要采取了哪些方法?
4. 通过本节课的学习,你体会到了哪些思想?

【检测与作业】

课堂检测

A组:

1. 海水中食盐含量为 4×10^{16} t,我国从海水中提取食盐的年产量为 1×10^{7} t。下列方法适合从海水中提取食盐的是(　　)。(DO1)

A. 蒸馏法　　B. 萃取法　　C. 结晶法　　D. 过滤法

2. 氯碱工业生产中,每生产1 t Cl_2,理论上应得到烧碱质量为(　　)。(DO3)

A. 1.127 t　　B. 1 t　　C. 2 t　　D. 2 mol

3. 植物中山茶花、石榴可以吸收氯气,紫藤和月季对氯气的吸收净化能力也很强。在实验室制取 Cl_2 时,尾气一般要用 NaOH 溶液吸收而不用

澄清石灰水吸收的理由是(　　)。(DO4)

A. 氯气不与石灰水反应

B. $Ca(OH)_2$ 微溶于水,澄清石灰水中 $Ca(OH)_2$ 的含量少,吸收的尾气也很少

C. 氯气与 $Ca(OH)_2$ 反应生成的 $CaCl_2$ 难溶于水

D. 澄清石灰水能吸收空气中的 CO_2 而变浑浊

4. 下列关于氯气的描述中,正确的是(　　)。(DO4)

A. Cl_2 以液态形式存在时可称作氯水或液氯

B. 红热的铜丝在氯气中燃烧,生成蓝色固体 $CuCl_2$

C. 有氯气参加的化学反应必须在溶液中进行

D. 钠在氯气中燃烧生成白色固体 NaCl

5. 完成下列表格:(DO4)

	物质类别	状态	组成微粒	漂白性
氯气				
液氯				
新制氯水				
久置氯水				

B组:

1. 氯碱厂电解饱和食盐水制取 NaOH 的工艺流程示意图如下:

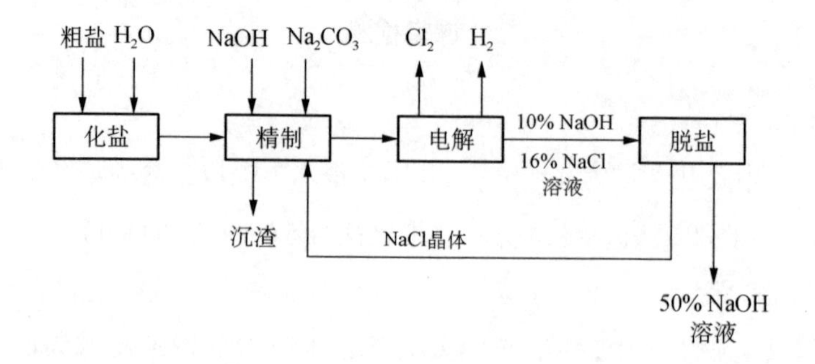

依据上图,完成下列填空:(DO2)

(1) 在电解过程中,与电源正极相连的电极上产生的气体的颜色为________,与电源负极相连的电极附近,溶液的碱性变化是________。

(2) 如果粗盐中 SO_4^{2-} 含量较高,必须添加钡试剂除去 SO_4^{2-},该钡试剂可

以是________。

A. $Ba(OH)_2$　B. $Ba(NO_3)_2$　C. $BaCl_2$

(3) 为有效除去 Ca^{2+}、Mg^{2+}、SO_4^{2-},加入试剂的合理顺序为________。

A. 先加 NaOH,后加 Na_2CO_3,再加钡试剂

B. 先加 NaOH,后加钡试剂,再加 Na_2CO_3

C. 先加钡试剂,后加 NaOH,再加 Na_2CO_3

2. 自来水一般是用少量的氯气消毒。如果实验室中临时没有蒸馏水,可以用自来水配制某些急需的药品,但有些药品若用自来水配制,则明显会导致药品变质。下列哪些药品可以用自来水配制(　　)。(DO4)

A. Na_2SO_4　B. NaOH　C. $AgNO_3$　D. K_2CO_3

3. 下列关于新制氯水及久置氯水的说法,不正确的是(　　)。(DO4)

A. 新制的氯水呈黄绿色,久置的氯水无色

B. 新制的氯水漂白作用强,而久置的氯水漂白作用很弱

C. 新制的氯水所含微粒成分多,而久置的氯水所含微粒成分少

D. 新制的氯水中无氯离子,而久置的氯水中则含氯离子

课后作业

A 组:

1. 将某金属混合物 50 g 与足量的 Cl_2 充分反应,消耗 Cl_2 为 71 g,该金属混合物可能是(　　)。(DO4)

A. Cu 和 Zn　B. Na 和 Al　C. Fe 和 Mg　D. Ca 和 Zn

2. 下列关于氯水的说法正确的是(　　)。(DO4)

A. 新制的氯水只含有氯气分子和水分子

B. 新制的氯水可使紫色石蕊试液先变红后褪色

C. 光照氯水有气泡逸出,该气体主要是氯气

D. 新制氯水久置后漂白性增强

3. 现有 X、Y、Z 三种元素,已知:(DO4)

① X、Y、Z 的单质在常温下均为气体。

② X 的单质在 Z 的单质中燃烧,生成 XZ,燃烧时火焰为苍白色。

③ XZ 的水溶液可使紫色石蕊溶液变红。

④ 两分子 X 的单质与一分子 Y 的单质化合,生成两分子 X_2Y, X_2Y 常温下为液体。

⑤ Z 的单质溶于 X_2Y 中,所得溶液具有漂白性。

(1) X ________;Y ________;Z ________(写元素符号)。

(2) 写出反应⑤的化学方程式: ______________________________。

(3) Z 的单质工业制法的化学方程式: ______________________________。

B 组:

1. 实验室制取下列各组气体,所用气体发生装置相同的是(　　)。(DO2)

A. 金属锌与硫酸反应制取 H_2、大理石与稀盐酸反应制 CO_2

B. 金属锌与硫酸反应制取 H_2、氯酸钾和二氧化锰混合加热制 O_2

C. 二氧化锰和浓盐酸混合加热制 Cl_2、大理石与稀盐酸反应制 CO_2

D. 二氧化锰和浓盐酸混合加热制 Cl_2、金属锌与硫酸反应制取 H_2

2. 某研究性学习小组设计了用氧化浓盐酸的方法制取氯气的实验,其实验装置如下图:(DO2)

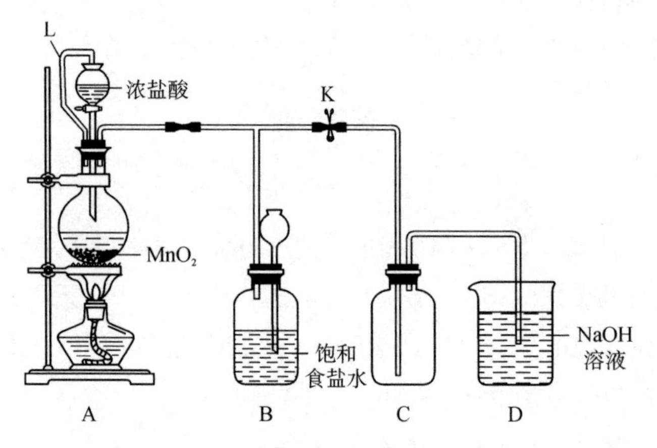

(1) 写出圆底烧瓶中发生反应的化学方程式: ______________________________。

(2) 如果将过量的二氧化锰与 20 mL 12 mol · L^{-1} 的盐酸混合加热,充分反应后生成的氯气明显少于 0.06 mol。其主要的原因有:

① ______________________________;

② ______________________________。

(3) L 的作用是______________________________;

B 的作用是______________________________。

3. 检验氯化氢气体中是否混有 Cl_2,可采用的方法是(　　)。(DO4)

A. 用干燥的蓝色石蕊试纸　　B. 用干燥的有色布条

C. 将气体通入硝酸银溶液中　　D. 用紫色石蕊试液

4. 室温下,单质 A、B、C 分别为固体、黄绿色气体、无色气体。在合适的反应条件下,它们可以按下面框图进行反应,又知 E 溶液是无色的。请回答:(DO4)

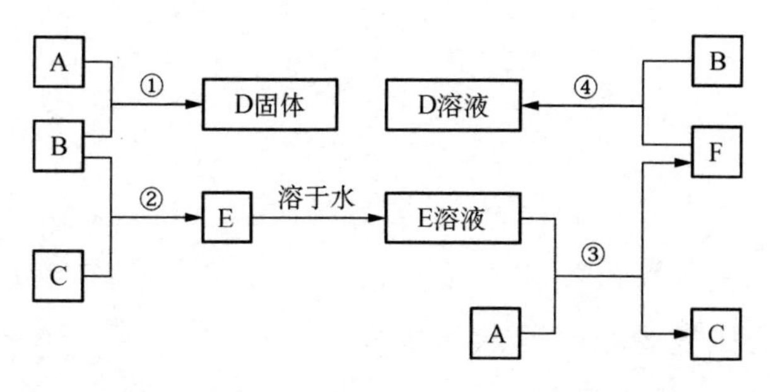

(1) A 是________、B 是________、C 是________(填化学式)。

(2) 反应①的化学方程式为________________________________。

(3) 反应③的化学方程式为________________________________。

(4) 反应④的化学方程式为________________________________。

【学后反思】

请尝试总结本主题的重要知识和学习中的思维方法,或写下自己需要求助的困惑,或分享何以学会的策略等。

06 生物：生物变异的来源

【设计者】

王静、范国华、赵小娜、李湘、邓汉军

【内容出处】

第四章第一节“生物变异的来源”。浙科版高中生物必修 2(2005 年版)，P75—81。(3 课时)

【课标要求】

1. 举例说出基因重组及其意义。
2. 举例说明基因突变的特征和原因。
3. 简述染色体结构变异和数目变异。

【学习目标】

1. 通过回顾减数分裂过程中染色体的行为特征及染色体与基因的关系，能概括基因重组的类型，体会基因重组对育种和生物进化的意义；(CS)

2. 能结合实例，分析基因突变的特征和原因，体会基因突变对生物变异的意义和价值，初步树立外因是变化的条件、内因是变化的根据、外因通过内因起作用的辩证唯物主义思想；(SG)

3. 通过模型分析，说明染色体结构变异对基因数目和排列顺序的影响，并能借助图像信息表述染色体结构变异的原因与结果，提高正确运用相关模型表达生物学概念的能力；(SG)

4. 通过对比分析细胞分裂模式图,探究染色体非整倍体变异的原因与结果,体会环境保护对生物健康的重要意义;(CS)

5. 以二倍体为例,比较体细胞与配子中染色体间的关系、功能及数量特征,说明染色体组的含义,并能识别单倍体、二倍体、多倍体,增强对生物多样性的认识。(SG)

【评价任务】

1. 完成活动一中的小组讨论、正误判断、活动三中的对位训练;(DO1)
2. 完成活动二中的填空(基因突变的概念)、小组讨论、连一连;(DO2)
3. 完成活动三中的对位训练、连线;(DO3)
4. 完成资料六中的对位训练;(DO4)
5. 完成活动五中的“尝试构建染色体组的概念”、规律应用。(DO5)

【学习过程】

资源与建议

1. 教材 P74—75 的“活动: 探究花生果实大小的变异”不作要求。

2. 本章“生物的变异”内容与生物进化、良种选育以及人类健康的关系十分密切。通过对本主题“生物变异的来源”的学习,不仅能认识到生物变异与生物多样性的关系,更为后面学习变异在生产上的应用打下基础。

3. 本主题的学习可按以下流程进行: 完成活动一基因重组,体会生物多样性主要原因→完成活动二基因突变,体会生物变异的根本来源→分析活动三染色体结构变异模型→探究活动四染色体数目变异的原因→通过活动五构建染色体组、二倍体、多倍体、单倍体的概念。

4. 基因突变的机理,染色体数目的变异是本节内容的重点和难点。为突破基因突变的机理这一难点,可利用教材提供的实例——镰刀形细胞贫血症,结合基因表达的知识,讨论、分析并得出基因突变的特点,理解基因突变的原因。突破染色体数目变异难点的关键是“染色体组”这个概念,可采用对比分析的方法: 通过比较果蝇的体细胞与生殖细胞中的染色体组成,初步形成染色体组的“印象”,再找出染色体组概念要素(如一个染色体组中的染色体之间的关系、功能和数量特征)。

课前预习：通过网络和书籍搜集生物变异的实例资料，了解生物变异的类型，认识环境对变异的影响。

活动一：学习基因重组的概念、类型和意义(PO1)

自学教材 P76，完成以下内容。

1. 概念：是指在生物体进行________的过程中，控制不同性状的________组合。

2. 类型：

① 自由组合：在减数第________次分裂________期，非同源染色体上的________基因自由组合。

某生物体基因型为 AaBb，分别位于两对同源染色体上，请在相应的染色体上标出基因。

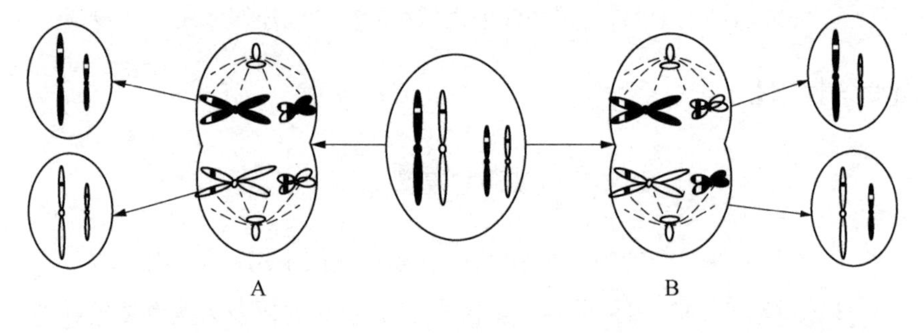

在 AB 两图中等位基因________随________染色体分离而分开，同时________染色体上的非等位基因随________自由组合。

② 交叉互换：在减数第一次分裂的________期，位于________染色体上的________基因有时会随着非姐妹染色单体片段的交换而发生交换，导致________染色体上的非等位基因重组。

某生物体细胞的一对同源染色体上有 A、a 和 B、b 两对基因，基因的位置如下图所示，请标出图中剩下的基因。

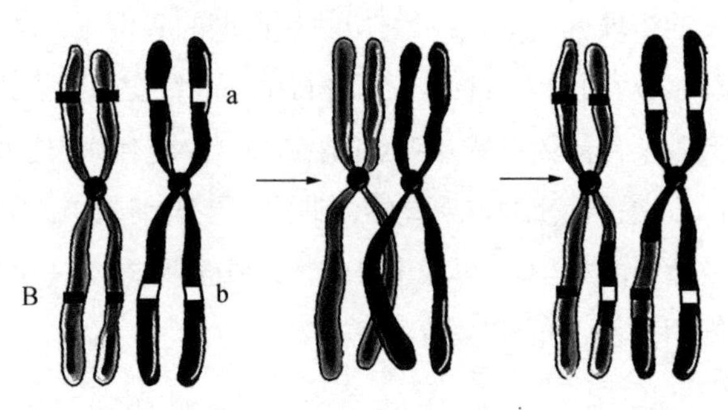

该生物能产生几种类型的配子，基因型分别是什么？若不发生交叉互换，该生物（仅考虑一对同源染色体）能产生几种配子？

[小组讨论]：(DO1)

Ⅰ. 基因重组发生的时机？能否产生新的基因和新的性状？

Ⅱ. 除了同卵双胞胎，没有两个同胞兄弟姊妹在遗传上完全相同，为什么有这种差异？

3. 意义：基因重组是________的来源之一，对________也具有重要的意义。

[正误判断]：(DO1)

(1) 受精过程中雌、雄配子的随机结合属于基因重组。(　　)

(2) 亲子代之间的差异主要是由基因重组造成的。(　　)

(3) 减数分裂四分体时期，姐妹染色单体的局部交换可导致基因重组。(　　)

(4) Aa 自交，因基因重组导致子代发生性状分离。(　　)

活动二：学习基因突变的概念、机理、特点和诱因(PO2)

资料一：基因突变的实例

1910 年，赫里克医生的诊所来了一位病人，病人脸色苍白，四肢无力，是严重的贫血病患者。对病人做血液检查时发现，红细胞在显微镜下不是正常的圆饼形，而是又长又弯的镰刀形（如右图），称镰刀形细胞贫血症。这样的红细胞容易破裂，使人患溶血性贫血，严重时会导致死亡。

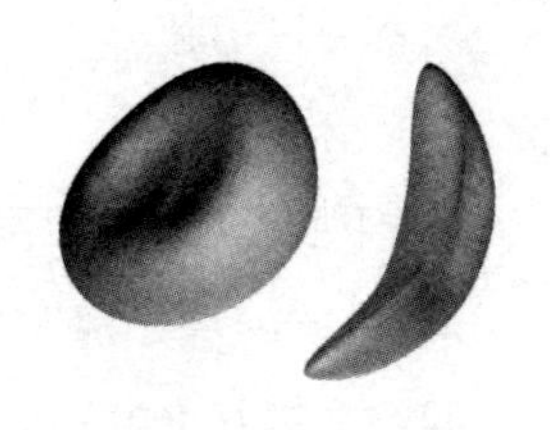

1956 年，英国科学家英格拉姆发现镰刀形细胞贫血症患者的血红蛋白异常，并测出了正常和异常血红蛋白的氨基酸序列如下：

正常人：……—脯氨酸—谷氨酸—谷氨酸—……

患者：　……—脯氨酸—缬氨酸—谷氨酸—……

正常人和患者的血红蛋白有什么差异？这种差异是如何产生的呢？请学习以下内容。

1. 基因突变的机理

(1) 完成图解

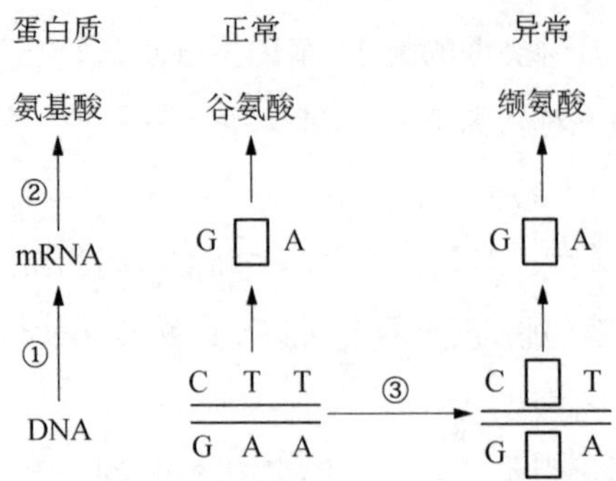

(2) 机理分析：该症状出现的直接原因是红细胞血红蛋白分子上一个________被替换，而根本原因是控制血红蛋白合成的基因中一个________的改变。

即 DNA 分子中核苷酸顺序改变→________的碱基顺序改变→________→________的改变。

说一说下列 DNA 片段中的碱基发生了什么变化：

A GC / ACG → ACGC / GCG　　A GC / ACG → AAGC / A CG　　A GC / ACG → AGC / CG

2. 基因突变的概念：DNA 分子中发生________的增添、________或替换，都可以引起________的变化，从而引起________的改变。(DO2)

[分组合作]：

下面已经给出正常的 DNA 模板链和对应的正常蛋白质的氨基酸序列，当基因的碱基分别发生以下几种变化时，最终的氨基酸序列将如何变化？(可参照教材 P69 遗传密码表)

① 第 6 个位点上的碱基 G 被碱基 A 或碱基 C 替换；

正常DNA　AAA ATG TTT CTC CAA GAT

异常DNA

mRNA

氨基酸序列

② 第13个位点上的C发生了缺失；第14、15两个碱基发生缺失；第14、15、16三个碱基都发生缺失；

正常DNA　AAA　ATG　TTT　CTC　CAA　GAT

异常DNA

mRNA

氨基酸序列

③ 第14个位点和第15个位点之间插入一个碱基G；插入两个碱基G、A；插入三个碱基G、A、C。

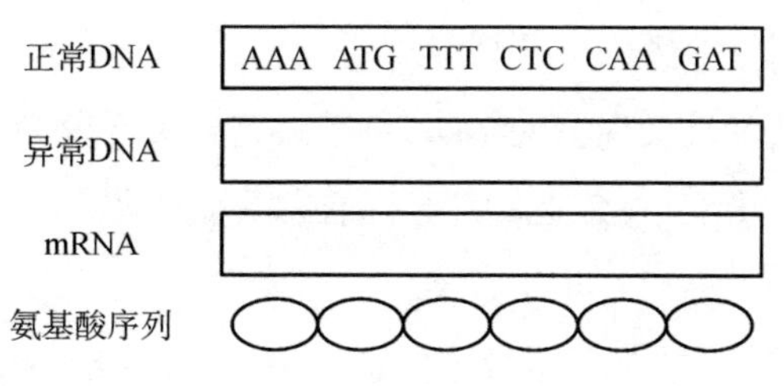

[小组讨论]：(DO2)

Ⅰ. 综合上述几种基因突变的结果，你能得到什么结论？基因突变一定会引起生物性状的改变吗？

Ⅱ. 在细胞的生命过程中，什么时候容易发生基因突变？基因突变一定会遗传给下一代吗？

3. 诱发基因突变的因素(连一连)(DO2)

① 物理因素	a. 亚硝酸、碱基类似物
② 化学因素	b. 某些病毒
	c. 紫外线、X射线
③ 生物因素	d. 黄曲霉菌产生的黄曲霉素

[小组讨论]：

在没有上述诱发因素时，基因突变能否发生？

自学教材P77"基因突变的特点"、"基因突变的类型"，在理解的基础上进行归纳。

4. 基因突变的特点

________性：在生物界中普遍存在；

________性：突变频率很低；

________性：显、隐性基因可以互变；

________性：可以向不同方向突变成它的等位基因；

________性：有害的多，有利的少。

[对位训练]：

下列关于突变特点的叙述中，正确的是(　　)。(DO2)

A. 无论是低等还是高等生物，都可能发生突变

B. 生物在个体发育的特定时期，才可能发生突变

C. 突变只能定向形成新的等位基因

D. 突变对生物的生存往往是有利的

5. 基因突变的类型

根据基因突变对表现型的影响，可以将基因突变分为________突变、________突变、________突变。实际上，任何突变都是________突变。

资料二：

最早的青霉菌分泌的青霉素很少，产量只有20单位/mL，后来经过科学工作者多次对青霉素进行X射线、紫外线照射及综合处理，终于培育出青霉素的高产菌株，目前青霉素的产量已达到20 000单位/mL以上。运用诱变育种的方法在农作物的育种上，培育出了许多优良品种。黑龙江农业科学院用辐射方法处理大豆，培育成了“黑农五号”等大豆品种，产量提高了16%，含油量比原来的品种提高了2.5%。此外，在水稻、大麦、花生中也已育出了具有短秆、高产、抗病等有用性状的品种。据此分析基因突变的意义。

6. 基因突变的意义

生物变异的________，对________具有非常重要的意义。

学习体会：学完基因突变的有关知识后，你还有哪些未解决的疑问？

活动三：学习染色体结构变异(PO3)

资料三：猫叫综合征

患者第5号染色体短臂缺失，故又名5p-综合征，为最常见的缺失综合征，因婴儿时有猫叫样啼哭而得名，其原因在于患儿的喉部发育不良或未分

化所致，发病率约为 1/50 000，女患者多于男患者。这种变异属于染色体畸变中的染色体结构变异。

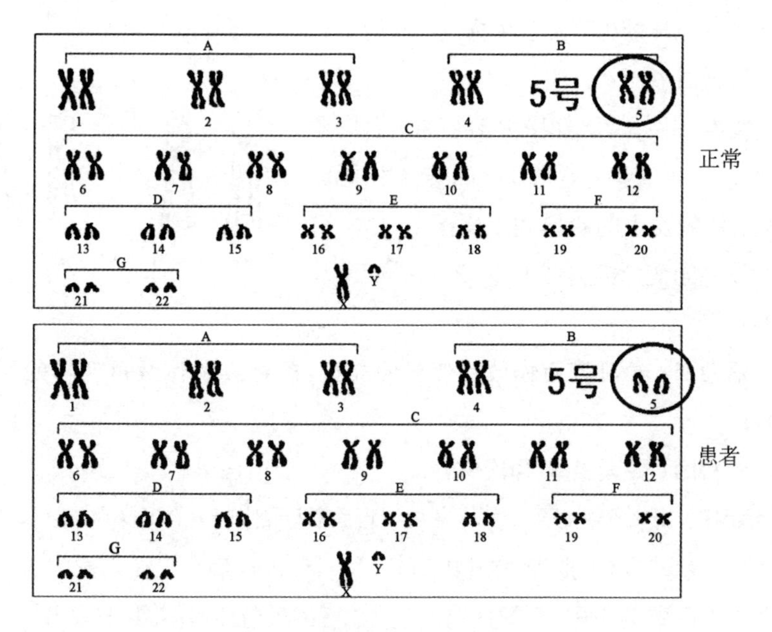

自学教材 P79，并仔细观察图 4 - 4，完成以下问题。

1. 染色体结构变异有哪些类型？

染色体结构的变异包括________、________、________、________四种类型。

2. 划线连接，并完成填空(下图中的字母、数字均代表不同的基因)。(DO3)

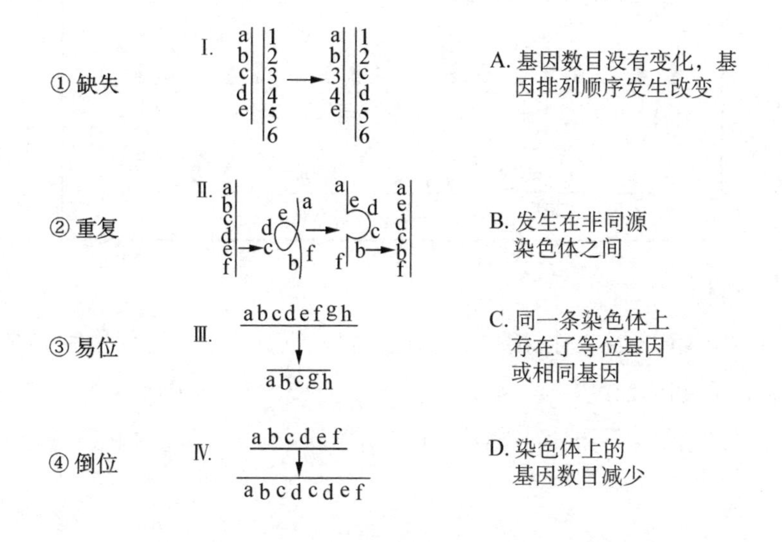

结合上图分析,为什么染色体结构变异会引起性状的改变?

染色体结构的变异,使位于染色体上的________和________发生改变。大多数染色体结构变异对生物是不利的。

[对位训练]:

如右图所示,已知甲中①②为一对同源染色体,乙中③④为两条非同源染色体,据图判断:甲图发生的变异类型属于________;乙图发生的变异类型属于________。(DO1、DO3)

① ② ③ ④
甲 乙

活动四:学习染色体数目变异的类型、探寻染色体数目变异的原因(PO4)

资料四:先天愚型(唐氏综合征)

症状:患者智力低下,身体发育缓慢,常表现出特殊的面容:眼间距宽,外眼角上斜,口常半张,舌常伸出口外,又叫伸舌样痴呆。在人群中的发病率为 1/600 到 1/800。下图是先天愚型患者的染色体组型图,请找出其与正常人不同的地方,用笔圈出来。

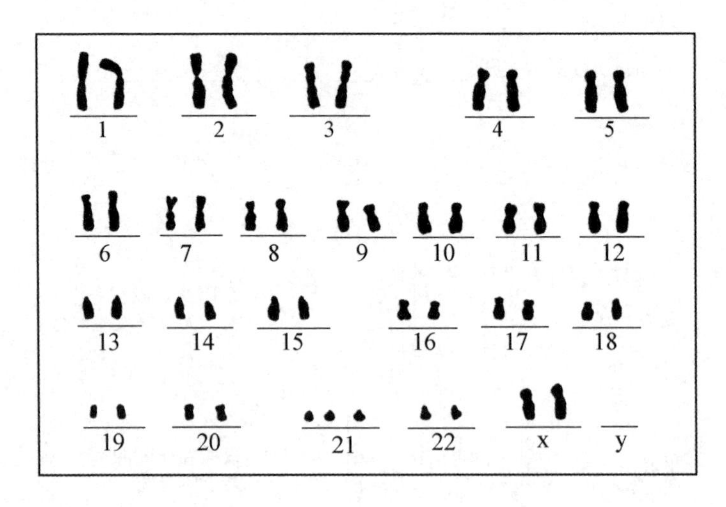

资料五:

性腺发育不良也称特纳氏综合征。病人外观虽然表现为女性,但是性腺发育不良,因而没有生育能力。发病率为 1/3 500。下图是特纳氏综合征患者的染色体组型图,请找出其与正常人不同的地方,用笔圈出来。

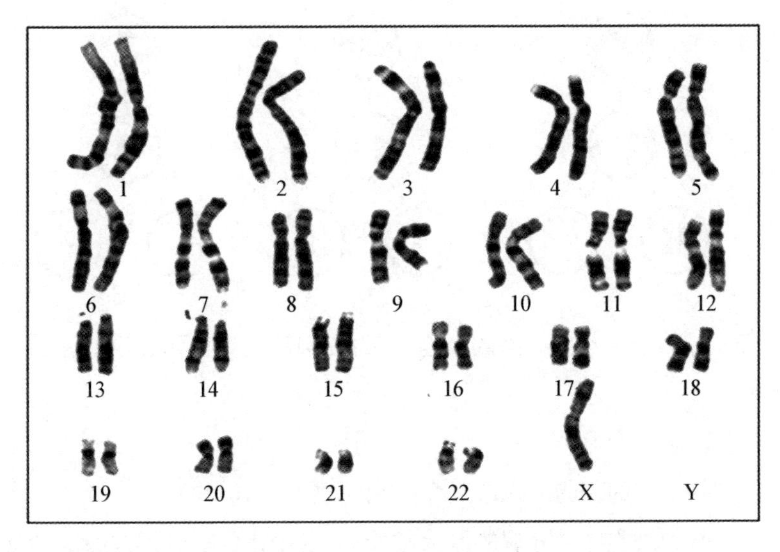

资料四、五所涉及的变异属于染色体________方面的变异。

自学教材 P80 第二段文字,完成以下问题。

1. 染色体数目变异的类型:

① ________:生物细胞中个别染色体数目的增加或减少。

② ________:体细胞的染色体以________的形式成倍地增加或减少。

资料六:

许多癌症如肺癌、肠癌等都是由于其肿瘤细胞中染色体数目变异所造成的,而且科学家们也发现细胞调控因子或者纺锤体蛋白的突变会造成染色体不分离(chromosome nondisjunction,即细胞分裂进入中后期时,某一对同源染色体或者姐妹单体未分别移向两极,造成子细胞中一个染色体数目增多,一个减少的现象),从而引起染色体数目变化。

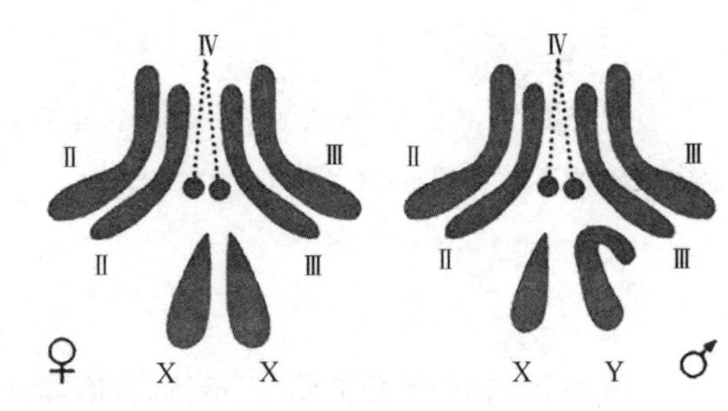

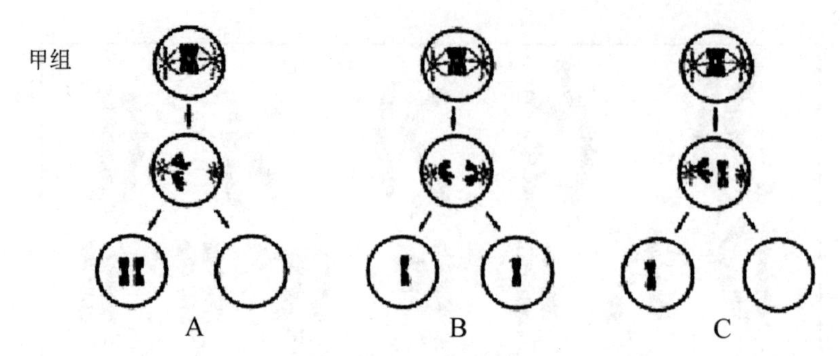

下面请试着从细胞分裂的角度，探讨细胞后代染色体数目变异的可能性原因。

[小组讨论]：

Ⅰ. 甲组中的哪些细胞是正常分裂的，哪些是异常的？

Ⅱ. 导致细胞异常分裂的原因是什么，发生在什么时间？细胞异常分裂会产生怎样的结果？

[思维拓展]：

你还能猜想出其他导致染色体数目变异的可能性原因吗？请补充完成下图，并说说细胞分裂异常的原因及其结果。

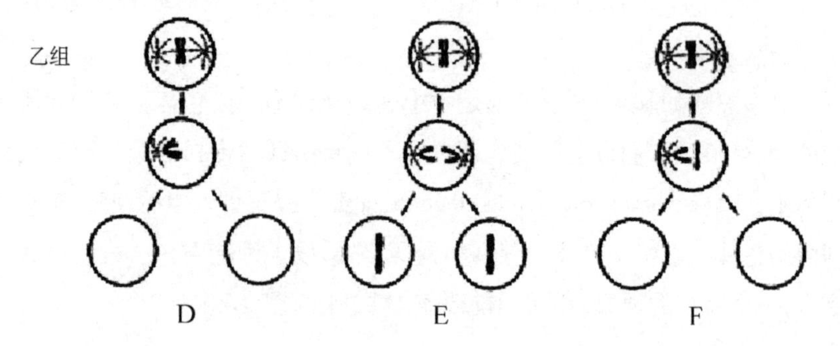

[对位训练]：

在减数分裂过程中，由于偶然原因，果蝇的一对性染色体没有分开，由此产生的不正常卵细胞的染色体数为(　　)。(DO4)

A. 3 或 3 + XY　　B. 3 + X 或 3 + Y

C. 3 或 3 + XX　　D. 3 或 3 + X

活动五：构建染色体组、二倍体、多倍体、单倍体的概念(PO5)

自学教材 P80 第三段文字，并结合资料七完成以下任务。

资料七：

在垃圾桶边或久置的水果上容易发现许多小蝇，这就是果蝇。果蝇属昆虫，约1 000种，是被人类研究得最彻底的生物之一，也是最为常见的模式生物之一。果蝇的体细胞中有四对(8条)染色体，其中3对是常染色体，1对为性染色体。

动动手：请画出果蝇的卵细胞和精子的染色体组成情况。(注：黑色、白色分别表示来自父方、母方的染色体)

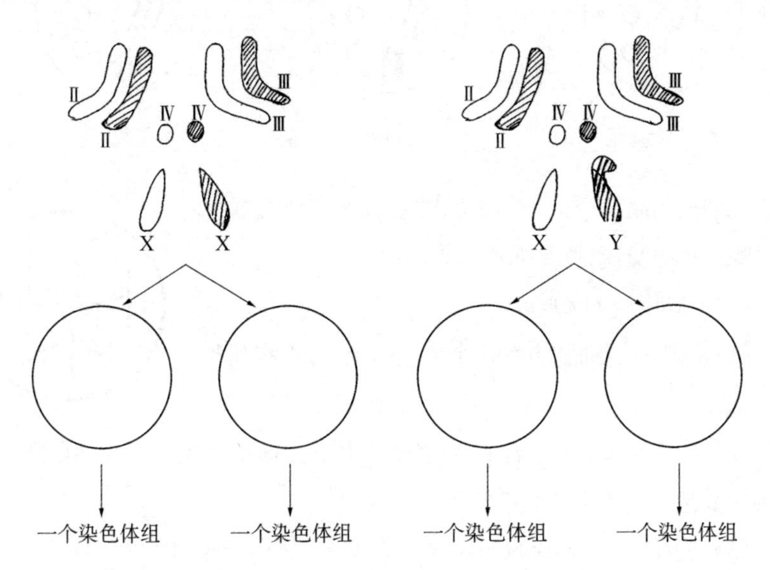

动动脑：小组共同探讨以下几个问题。

① 果蝇体细胞有几条染色体?

② Ⅱ号和Ⅲ号染色体是什么关系? Ⅲ号和Ⅳ号呢?

③ 雌果蝇的体细胞中共有哪几对同源染色体?

④ 雄果蝇产生的精子中有哪几条染色体?

这些染色体在形态、结构和功能上有什么特点?

这些染色体之间是什么关系?

它们是否携带着控制生物生长发育的全套遗传信息?

⑤ 如果将果蝇的卵细胞或精子中的染色体看作一个染色体组，那么果蝇的体细胞中有几个染色体组?

1. 尝试构建染色体组的概念。(DO5)

细胞中的一组________染色体，它们在形态和功能上________，由于携有能控制该生物生长发育的________，它们互相协调，共同控制生物正常的生命活动。这样的一组染色体,称为一个染色体组。

[规律探寻]:确认染色体组数的方法

下面的细胞模式图中各有几个染色体组呢?每一组分别包含几条染色体?

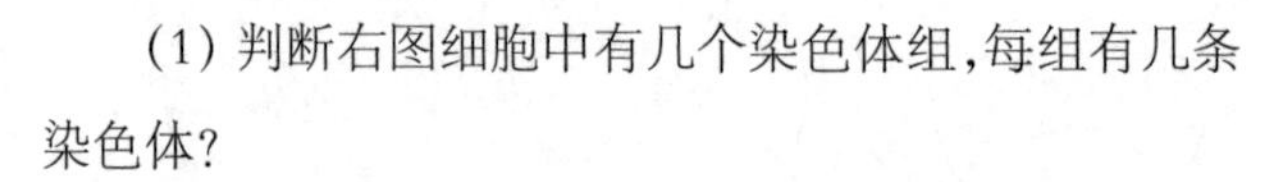

我们在判断几个染色体组的时候有没有什么规律可循呢?小组交流、总结你们的看法。

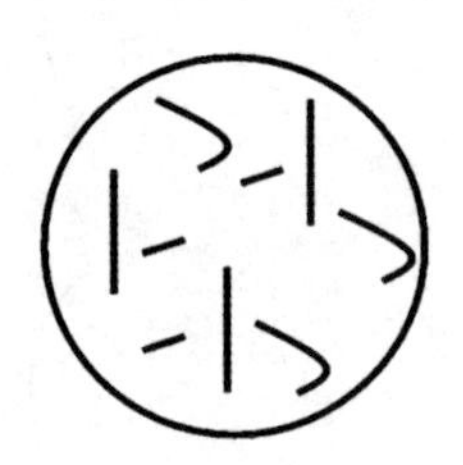

[规律应用]:(DO5)

(1) 判断右图细胞中有几个染色体组,每组有几条染色体?

(2) 韭菜的体细胞中含有32条染色体,这32条染色体有8种形态。问韭菜体细胞有几个染色体组?

(3) 基因型为AaaBbbccc的个体含有多少个染色体组( )。

A. 1个 B. 3个 C. 6个 D. 9个

请看教材P80图4-5,果蝇体细胞有两个染色体组,据此我们把果蝇这种生物称为二倍体。自然界中,绝大多数的动物和半数以上的高等植物都是二倍体。但是也有例外,请看下面资料八。

资料八:

在蜜蜂社会里分布着三种角色,分别是蜂王、雄蜂和工蜂。一般蜜蜂的群体中只有一只蜂王。蜂王的主要任务是与雄蜂交配后产卵,但不是所有的卵都受精。产下的受精卵,发育成雌蜂(即工蜂和蜂王);也可以产下未受精的卵,会发育成雄蜂。

工蜂与蜂王都是由受精卵发育而来,区别在于,蜂王喝蜂王浆长大。它们的体细胞中都含有两个染色体组,因此又叫二倍体。而雄蜂由卵细胞发育而来,体细胞的染色体数只有原来的一半,只能称为单倍体。

你能否试着完善以下概念呢?

2. 构建二倍体、三倍体、多倍体、单倍体的概念。(DO5)

二倍体:体细胞中有________个染色体组的个体称为二倍体。

三倍体:________中有________个________的个体称为三倍体。

多倍体:体细胞中有三个或三个以上的染色体组的个体称为多倍体。

不仅未受精的卵细胞发育成的雄蜂可以称为单倍体,植物的花药(内含花粉)经离体培养形成的植株也叫单倍体,请你试着构建单倍体的概念。

单倍体:体细胞中含有________染色体数目的个体,称为单倍体。

请问:单倍体一定只有一个染色体组吗?一个个体是单倍体还是几倍体,关键看什么?

[规律应用]:(DO5)

(1) 判断对错

a. 二倍体生物的配子发育而来的个体中,其体细胞中只含一个染色体组。(　　)

b. 如果是四倍体、六倍体生物的配子发育而来的个体,其体细胞中就含有两个或三个染色体组,我们可以称它为二倍体或三倍体。(　　)

c. 单倍体中可以只有一个染色体组,也可以有多个染色体组。(　　)

d. 个体的体细胞中含几个染色体组就是几倍体。(　　)

(2) 下列细胞中含有1个染色体组的细胞是(　　)。

A. 人的口腔上皮细胞　　B. 果蝇的受精卵

C. 小麦的卵细胞　　D. 玉米的卵细胞

学习体会:学完染色体畸变之后,你还有哪些未解决的问题?

概念梳理:本节课学习了较多的生物学概念,请你对这些概念和相关知识点自行梳理,也可适当参考下面的概念图,并作出相应的补充。(DO1、DO2、DO3、DO4、DO5)

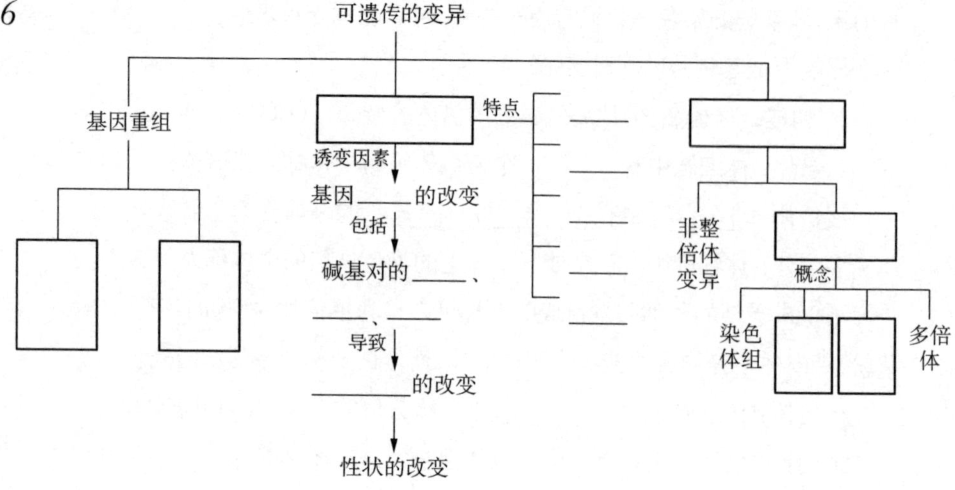

【检测与作业】(【C】部分为挑战题,供选做。)

1. 有性生殖后代具有更大的变异性,最主要的原因是(　　)。(DO1)

A. 基因突变频率高　　B. 染色体结构变异机会多

C. 产生多样化的基因组合　　D. 更易接受环境影响而发生变异

2. 基因突变是生物变异的根本来源和生物进化的重要因素,其原因是(　　)。(DO2)

A. 能产生新基因　　B. 发生的频率大

C. 能产生大量有利变异　　D. 能改变生物的表现型

3. 已知某物种的一条染色体上依次排列着A、B、C、D、E五个基因,下面列出的若干种变化中,未发生染色体结构变异的是(　　)。(DO3)

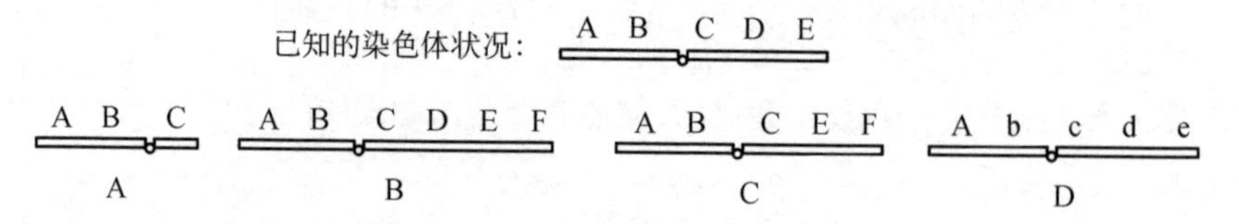

4. 判断下列各细胞或各基因型所示生物的体细胞内各有多少个染色体组。(DO5)

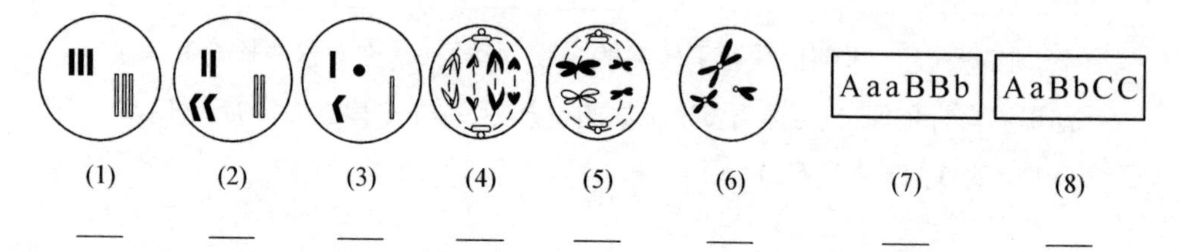

5. 一个染色体组可以认为是(　　)。(DO5)

A. 二倍体配子中所有的染色体　　B. 体细胞中两两配对的染色体

C. 四倍体植物的一半染色体　　D. 单倍体配子中所有染色体

6. 在细胞分裂过程中出现了甲、乙 2 种变异,甲图中英文字母表示染色体片段。下列有关叙述正确的是(　　)。(DO3、DO4)

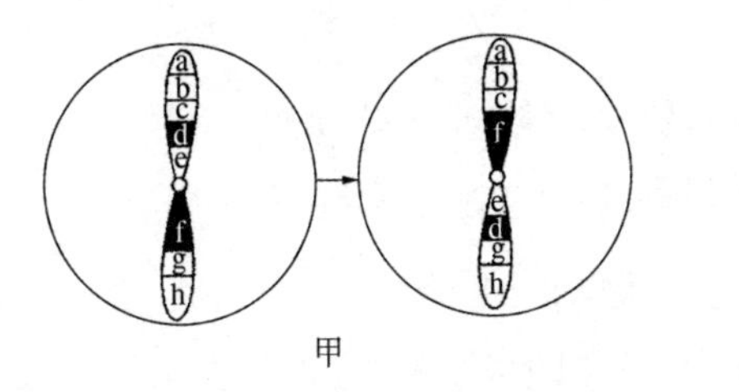

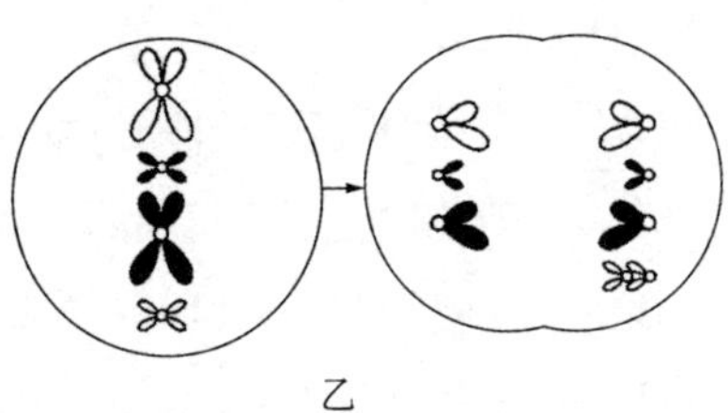

① 甲图中发生了染色体结构变异,增加了生物变异的多样性

② 乙图中出现的这种变异属于染色体畸变

③ 甲、乙两图中的变化只会出现在有丝分裂中

④ 甲、乙两图中的变异类型都可以用显微镜观察检验

A. ①②③　　B. ②③④　　C. ①②④　　D. ①③④

7. 下列过程可能存在基因重组的是(　　)。(DO1)

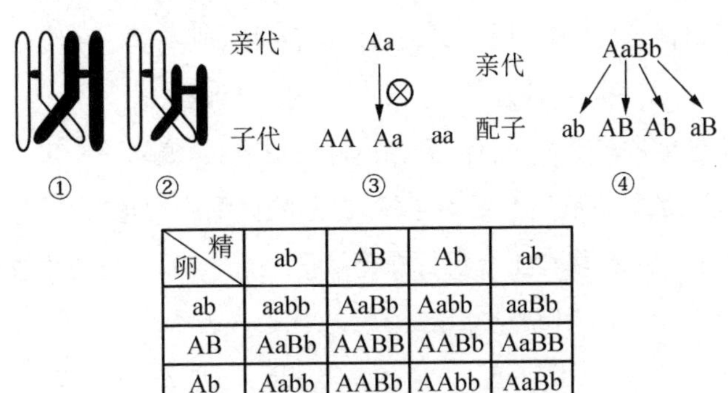

卵＼精	ab	AB	Ab	ab
ab	aabb	AaBb	Aabb	aaBb
AB	AaBb	AABB	AABb	AaBB
Ab	Aabb	AABb	AAbb	AaBb
ab	aaBb	AaBB	AaBb	aaBB

⑤

A. ④⑤　　B. ③⑤　　C. ②④　　D. ①④

8. 用 X 射线照射某植物幼苗,诱发基因突变,X 射线最有可能在下列哪项过程中起作用(　　)。(DO2)

A. 有丝分裂间期　　B. 有丝分裂全过程

C. 受精作用过程　　D. 减数第一次分裂间期

9. 曲线 a 表示使用诱变剂前青霉菌菌株数和青霉素产量之间的关系，曲线 b、c、d 表示使用诱变剂后菌株数和产量之间的关系，下列说法正确的是(　　)。(DO2)

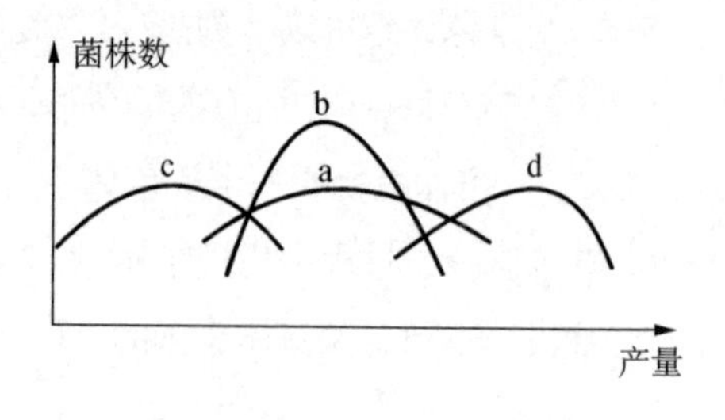

A. 青霉菌在诱变剂作用下发生的变异可能还有基因重组

B. 诱变剂决定了青霉菌的变异方向，加快了变异频率

C. 由 a 变为 b、c、d 体现了基因突变的不定向性

D. b 代表的类型是最符合人们生产要求的变异类型

10. 某些类型的染色体结构和数目的变异，可通过对细胞有丝分裂中期或减数第一次分裂时期的观察来识别。a、b、c、d 为某些生物减数第一次分裂时期染色体变异的模式图，它们依次属于(　　)。(DO3、DO4、DO5)

A. 三倍体、染色体片段重复、三体、染色体片段缺失

B. 三倍体、染色体片段缺失、三体、染色体片段重复

C. 三体、染色体片段重复、三倍体、染色体片段缺失

D. 染色体片段缺失、三体、染色体片段重复、三倍体

【C】 11. 萝卜的体细胞有 9 对染色体，白菜的体细胞中也有 9 对染色体，现将萝卜和白菜杂交，培育出能自行开花结籽的新作物，这种作物最少应有多少条染色体(　　)。(DO5)

A. 9　　B. 18　　C. 36　　D. 72

12. 下列遗传病中，不能用光学显微镜检测到的是(　　)。(DO2、DO3、DO4)

A. 21-三体综合征　　B. 红绿色盲

C. 镰刀形细胞贫血症　　D. 猫叫综合征

13. 请以小组为单位，结合本主题学习内容，设计一个以“健康生活”为主题的科普宣传活动，以指导大家更科学地生活。

14. 下图所示是人类镰刀形细胞贫血症产生的原因，据图回答：(DO2)

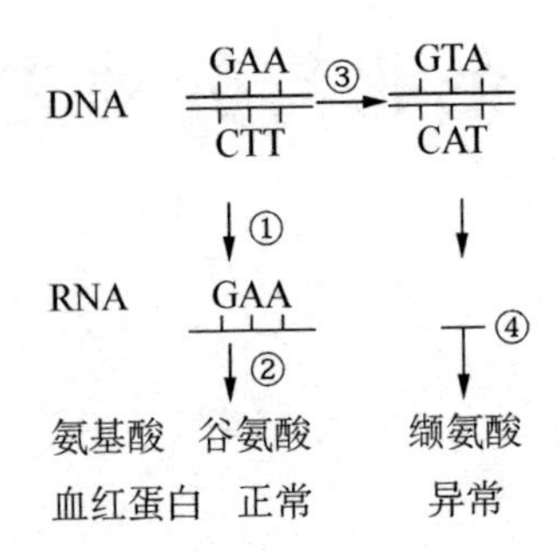

(1) ①是________过程,②是________过程,后者是在________中完成的。

(2) ③是________过程,发生在________过程中,这是导致镰刀形细胞贫血症的根本原因。

(3) ④的碱基排列顺序是________,这是决定缬氨酸的一个________。

(4) 镰刀形细胞贫血症十分少见,说明基因突变的特点是________且________。

【学后反思】

请自主梳理本主题知识体系,写下还有哪些地方存有疑惑,需要老师提供何种帮助等。

07 政治：企业与劳动者

【设计者】

陈喆蓉、王法明、任冯明、许剑琪、张波

【内容出处】

第二单元第五课“企业与劳动者”。人教版高中思想政治必修 1(2014 年版),P36—45。(2 课时)

【课标要求】

1. 识别公司的不同类型,描述公司的经营表现与发展状况,阐述锐意进取、诚实守信在现代经济生活中的价值。

2. 评析劳动者依法维护自身权益的案例;列举几种就业途径和创业方式;树立诚实劳动、合法经营、积极创业的观念,确立正确的择业观。

【学习目标】

1. 知道企业和公司的相关知识;通过对具体公司实例的分析,能识别有限责任公司和股份有限公司这两种不同类型的公司,运用对比学习法,多角度寻求出两类公司的区别,概括两类公司的共性,提高分析、思辨、概括能力;(SG)

2. 通过对企业经营成败的正反案例分析,探究企业经营与发展成功的主要因素,了解市场竞争中的企业兼并和破产现象,增强竞争意识、创新意识、风险意识,树立诚信立业的价值取向;(CS)

3. 了解劳动与就业的意义,通过对当前就业形势的现状分析,树立正

确的就业观、择业观、创业观，了解多种创业方式，形成劳动光荣、创造伟大的思想，体悟知识崇高、人才宝贵的思想；(CS)

4. 通过对劳动者依法维权案例的评析，概括劳动者依法享有的权利和依法维权的途径，增强法律意识和维权意识，提高知法、守法、用法的能力。(SG)

【评价任务】

1. 独立完成检测与作业中第1、8题；(DO1)

2. 通过阅读教材和同伴合作探究，完成材料1中的表格填写和问题思考，完成检测与作业中第2、9题；(DO1)

3. 依据材料2中的图形，完成思考题；(DO1)

4. 通过对材料3的阅读，自主完成思考题，完成检测与作业中第3、4、10、11题；(DO2)

5. 通过合作探究，完成材料4中的问题思考，完成检测与作业中第5、6、12题；(DO3)

6. 完成材料5中的思考题和检测与作业中第7题。(DO4)

【学习过程】

资源与建议

1. 本主题是在第四课“生产与经济制度”基础上，进入社会生产的微观领域，研究企业、公司的经营与发展，并从生产的主体、生产力发展中主导作用的发挥者——劳动者的角度去认识就业的意义，树立正确的就业观，掌握维护劳动者的合法权利等知识内容。本主题是社会再生产中“生产”这一环节的中心，本主题的学习为今后就业与自主创业奠定知识基础，做好思想准备。

2. 本主题内容的学习，可按以下逻辑顺序进行：企业的含义、组织形式→公司的含义、两种公司类型的比较→企业的经营与发展→劳动与就业→依法维护劳动者合法权益。

3. 本主题的重难点有：有限责任公司与股份有限公司的比较，企业经营与发展成功的主要因素，劳动者树立正确的择业、就业观。同学们可以利用老师提供的情境材料，通过探究分析、对比归纳，形成完整认知。

(一) 公司的类型(PO1)

材料 1: 纳爱斯集团是专业生产洗涤和口腔护理用品的企业。其前身是成立于1968年的地方国营"丽水五七化工厂",1993年底改制为股份公司,2001年12月组建集团。纳爱斯在改革开放中获得了长足的发展,集团自1994年以来一直是中国洗涤用品行业的龙头企业,各项经济指标连续11年稳居全国行业榜首,其中洗衣粉、肥皂、液体洗涤剂三大产品全国销量第一,2005年进入世界前八强。

想一想: ① 纳爱斯集团作为一家企业,具备了怎样的特点?

② 纳爱斯集团采用了何种形式组织企业?

③ 纳爱斯集团属于何种公司类型? 这种公司类型有什么显著特点?

阅读教材 P37—38,按要求填写下表:(DO1)

1. 股份有限公司 □ □ □ □

股东(人数)——出资(形式)——股份(划分)——有限责任(承担方式)——企业法人

2. 有限责任公司 □ □ □ □

同伴合作探究: 股份有限公司与有限责任公司的共性?(DO1)

______

______

______

材料 2:

公司的组织结构

股东大会或股东会

董事会

监事会

总经理

办公室

财务部

信息部

审计室

后勤部

其他部门

写一写：从材料出发，公司的组织机构由哪几部分构成？这样的组织结构有何作用？（DO1）

____

____

____

（二）企业的经营与发展（PO2）

材料 3：

如水纳爱斯的发展历程

时间（年）	阶段	发展状况
1968—1984	基础薄弱	丽水五七化工厂只生产单一的产品——肥皂，在全国肥皂行业中排倒数第二。
1985—1990	艰难起步	采取横向联合方式，与上海制皂厂联营转危为安。
1991—1993	自创品牌	引进了瑞士先进技术，开发了纳爱斯香皂，又自主开发了雕牌超能皂。同时，企业成功进行股份制改造。
1994—1998	三十而立	加强企业管理，扩大生产规模，把雕牌做成了中国肥皂第一品牌。
1999—2003	内扩外联	双管齐下，一方面对内扩大投资，加快技术改造；一方面对外实行委外贴牌加工，带动行业发展。成立纳爱斯集团。
2001—2005	六壁合围	纳爱斯在全国“设阵布局”，形成六壁合围之势，成为世界上最具规模的洗涤用品生产基地。
2006 至今	战略转型	2006 年 11 月，全资收购英属中狮公司麾下香港奥妮、裕暘、莱然三家公司，产品从中低端走向高端。目前，集团拥有纳爱斯、雕牌两大名牌四大系列四百多个品种产品，诚信经营，发展迅速，多次荣获“中国企业 500 强”、“诚信示范企业”、“国家生态工业示范点”等多项殊荣。

思考：① 结合材料分析，一家企业成功经营与发展所应具备的因素有哪些？（DO2）

____

____

____

② 企业在激烈的市场竞争中，会面临兼并、破产的困境。什么是企业兼并、破产？有何意义？（DO2）

____

____

（三）劳动和就业(PO3)

材料 4:

2016年春季纳爱斯集团有限公司现场招聘会

招聘岗位	专业要求	学历	备注
企业管理	工商、企业管理类专业	本科	有相关工作经验
包装设计师	艺术设计、平面设计相关专业	本科	三年及以上工作经验
销售员	市场营销、经济管理类专业	大专及以上	
仓库管理员	不限	不限	
促销员	不限	初中及以上	

合作探究：① 全班共分四组，一至三组为应聘方；第四组为招聘方；
② 招聘方列出各岗位的具体考核标准；
③ 三组应聘方选择岗位，并陈述理由，接受招聘人员的考核。

应聘方陈述理由：

招聘方考核标准：

想一想：① 就业有何意义？
② 劳动者应树立怎样的择业和就业观？
③ 党和政府应如何促进就业？（DO3）

（四）依法维护劳动者合法权益(PO4)

材料 5：李师傅在一家私营机械厂上班，但在工厂里，既有刺耳的噪声，又有刺眼的电焊强光。工人要求发放劳动安全卫生防护用品遭到厂长拒绝，有事请假也不予批准，甚至有时还会被扣发工资。

想一想：① 李师傅的哪些权利受到了侵害？劳动者还有哪些合法权利？

② 劳动者应该如何维护自己的合法权利？

③ 维护劳动者合法权利有什么意义？（DO4）

____

____

____

【检测与作业】

一、基础巩固

1. 党政机关不是企业，是因为它们（　　）。（DO1）

A．没有必要的财产

B．没有自己的组织机构和场所

C．没有财务会计机构

D．不从事以营利为目的的生产经营活动

2. 小明的爸爸、叔叔、舅舅准备分别出资30万元（现金）、25万元（专利技术折价）、10万元（老厂房折价）合办一家服装企业。他们都希望以认缴的出资额为限对公司承担责任。如果你是小明，你会建议这个企业的形式采用（　　）。（DO1）

A．股份有限公司　　　　B．有限责任公司

C．个人独资企业　　　　D．合伙企业

3. ××堂在全国各地开展“养生会客厅”客户体验活动以来，不仅取得了良好的经济效益，而且取得了显著的社会效应。这个事例启示我们（　　）。（DO2）

A．企业经营要以社会效益为直接目的

B．企业要制定正确的经营战略

C．企业要努力形成自己的竞争优势

D．企业要树立良好的信誉和企业形象

4. 在激烈的市场竞争中，实行企业破产制度（　　）。（DO2）

① 有利于强化企业的风险意识　　② 有利于促使企业改善经营管理

③ 有利于优胜劣汰　　④ 有利于社会资源的合理配置

A. ①②③　　B. ①②④　　C. ②③④　　D. ①②③④

5. 党的十八大报告指出,要营造劳动光荣、创造伟大的社会氛围,要尊重劳动、尊重知识、尊重人才、尊重创造,加快确立人才优先发展战略布局,推动我国由人才大国迈向人才强国。要尊重劳动,是因为(　　)。(DO3)

① 劳动是人类文明进步发展的源泉

② 劳动能满足人的所有需求

③ 要尊重和保护一切有益于人民和社会的劳动

④ 劳动是物质财富和精神财富的创造活动

A. ①②　　B. ①④　　C. ③④　　D. ②③

6. 一位父亲对大学毕业刚走上工作岗位的儿子说:“世界上只有没出息的人,没有没出息的工作。”这启示我们,要树立(　　)。(DO3)

A. 自主择业观　　B. 竞争就业观

C. 职业平等观　　D. 自主创业观

7. 宁波某地采用工资集体协商制度,即由职工代表与企业代表依法就工资分配形式、支付办法和工资标准等进行平等协商,在此基础上签订工资协议。该制度(　　)。(DO4)

① 提高了劳动者的竞争意识

② 实现了劳动者权利和义务的统一

③ 保护了劳动者获得合法报酬的权利

④ 体现了劳动关系双方当事人的意志

A. ①③　　B. ①②　　C. ②④　　D. ③④

二、提高拓展

8. 企业是以营利为目的而从事生产经营活动,向社会提供商品或服务的经济组织。下列属于企业的是(　　)。(DO1)

① 中国人民银行　② 中国红十字会　③ 宝钢集团　④ 招商银行

A. ①②　　B. ②③　　C. ③④　　D. ①③

9. 上市公司的共同特点有(　　)。(DO1)

① 资本不必划分为等额的股份

② 财务信息必须向全社会或在一定范围公开

③ 其决策机构是股东大会及董事会,由他们来处理公司重大经营管理

事宜

④ 其监督机构是监事会，由他们来负责对股东大会和董事会的监督

A. ①③　　B. ①④　　C. ②③　　D. ③④

10. 水能够根据外部的形势变化而不断改变自己的形状，每一种与众不同的形状都是其生存的理由。现代企业和水一样有其独特的“形状”，企业要能够取得持久发展，就要懂得“随弯就势”、“弯道超车”的生存本领。这说明(　　)。(DO2)

A. 正确的经营战略决定企业发展的成败

B. 企业发展要以市场为导向

C. 诚信经营是企业立足市场的关键所在

D. 以经济效益和社会效益为目标

11. 水是生命之源、生产之要。2014 年，浙江省正式吹响了“五水共治”的集结号。以再生造纸起家的 B 集团，遵循国家产业导向，把发展战略重心放到污水污泥处理及相关产业上，十年来投入 10 多亿资金对技术难题进行攻关，形成了一整套独特的工艺技术和配套设备，破解了污泥干化处置这一世界性技术难题，实现了华丽转身。如今，B 集团不仅经济效益良好，而且为生态文明建设作出了重要贡献，为当地经济可持续发展提供了有力支撑，其所树立的良好的企业形象得到社会认可。

结合材料，运用“企业的经营与发展”的知识，简述 B 集团华丽转身对企业转型升级的启示。(DO2)

12. 近年来，浙江初步探索出创业带动就业，以创业带动创新的路子。开展全省创新创业大赛，形成全民创新的社会氛围；重点查处电子商务领域的侵犯知识产权行为，为创新创业保驾护航；建立了一整套长效化服务企业机制，省财政设立了 3 亿元科技型中小企业专项资金；鼓励 80 后、90 后青年创客创业，发展服务专业化、运营市场化和资源开放化的“众创空间”；创客小镇、梦想小镇、互联网创业小镇、云计算产业小镇等等创业社区纷纷涌现。在杭州未来科技城“梦想小镇”，首批就有 48 家企业、800 多名创业者入驻，未来将吸引大学生创业者 1 万名，创业项目2 000个，基金(管理)及相关机构 300 家，金融支持总额超过 3 000 亿元。

结合材料，运用“劳动和就业”中的有关知识，阐述浙江省是如何促

进青年创客创业创新的。(DO3)

【学后反思】

1. 本堂课你学会了哪些知识？请简要梳理已学知识。

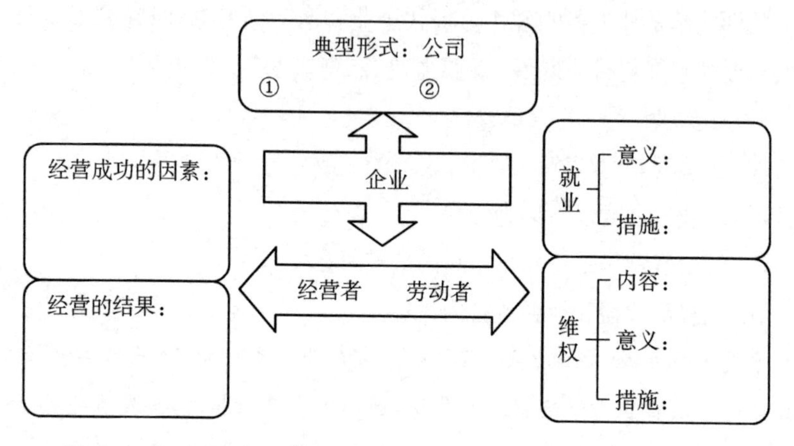

2. 除此之外，你还有哪些收获？

3. 对于本堂课你有哪些疑问？对这些疑问你是怎么思考的？

08 历史：美苏争锋

【设计者】

刘立霞、许慧娟、田国华

【内容出处】

专题九第一课“美苏争锋”。人民版高中历史必修 1（2009 年版），P154—158。（2 课时）

【课标要求】

了解美苏两极对峙格局的形成。认识美苏冷战对第二次世界大战后国际关系发展的影响。

【学习目标】

1. 知道雅尔塔体系、杜鲁门主义、冷战等史实或概念；通过史料解读，探究两极对峙格局形成的原因及影响，强化论从史出的意识；运用比较学习，辩证归纳美苏“冷战”的责任归属问题，提高分析、概括和思辨的能力；（SG）

2. 运用大事年表梳理美苏两极对峙格局形成的过程，并尝试重构该过程的知识结构，学会绘制知识结构示意图；掌握“冷战”的内涵与特点，提高知识结构化整合的能力，增强自主意识、反思意识，感悟和平的来之不易；（CS）

3. 通过对“冷战”相关历史图片、文字史料的评析，探究面对国家之间的分歧时如何才能避免战争的问题，从中掌握“对历史同情的理解”的方法，

体会“理解、信任、对话”在处理国与国之间分歧中的意义与价值。(CS)

【评价任务】

1. 独立完成活动方案(1)、思维拓展(1)和检测与作业中第1题;(DO1)

2. 利用课本P158“材料阅读与思考”资料,能独立叙述美国外交政策的特点;(DO1、DO2)

3. 通过思考与讨论,完成活动方案(2)、(3),思维拓展(2)和检测与作业中第2题;(DO2、DO3)

4. 通过讨论与合作学习,完成活动方案(4)和检测与作业中的第3题。(DO3)

【学习过程】

资源与建议

1. 本主题是战后国际关系格局演变的起点,为学习后面的内容奠定了知识基础,也为高考“阐释事物”、“论证问题”能力的培养奠定基础。

2. 本主题的学习,可按以下逻辑顺序进行:两极对峙格局形成的原因→形成的过程→造成的影响→两极对峙的结束。

3. 本主题的重点是两极对峙格局形成的原因,难点是两极对峙格局形成的过程和影响。你可以利用老师提供的文字材料、历史照片、地图和表格,通过探究分析、对比归纳、知识重构,形成完整认知,并实现难点的突破。

一、美苏争锋之“为何争”——两极对峙格局形成的原因(PO1)

1. 活动方案(1):精读教材第一目第一、二自然段内容及P155知识链接的内容,小组合作完成下列内容:

史料1:二战时,要保持团结并不太难,因为有一个打败共同敌人的共同目标。

——斯大林

问题:美苏二战时共同的敌人是“谁”?二战前世界政治格局是以谁的力量为主导?斯大林的观点与两极对峙格局形成有什么关系?

史料2:美国当局认为,共产主义成为世界上一切邪恶的根源。在任何地方发生的每一变动中,我们总能看到有“莫斯科共产主义”在插手。最初对共产主义的概念认为是一种国际阴谋，像章鱼那样身在莫斯科，触角则伸到世界上最远的各个角落。

——《杜鲁门回忆录》

问题：史料2是从什么角度阐述两极对峙格局形成的原因？

史料3：

美国是“经济世界的巨人，全世界应该采取美国制度”。

——杜鲁门

“谁占领了地盘，谁就能把他的那套社会制度推行到他的军队所能到达的地方去。”

——斯大林

二战后美苏实力对比

	美国	苏联
经济力量	工业生产量占世界2/3	经济总量世界第二，相当于美国的30%
	黄金储备量占世界3/4	
军事力量	1949年前垄断了原子弹	1949年试验原子弹成功，1953年试验氢弹成功
	拥有1 200多万军队	苏军总数达1 140万
	30艘航空母舰	
	在全球拥有近500个军事基地	扩展了60万平方公里疆土

问题：结合表格，请用一个最恰当的词（或成语）描述二战后美苏实力对比的形势。美苏战后的战略意图有何共同之处？这与两极对峙格局的形成有何内在联系？

2. 思维拓展（1）：结合以上所学和下列史料，探讨谁应该对“冷战”的发动负责？（DO1）

史料4：

“苏联的实力不断增强，社会主义国家在世界上的影响日益增大，引起了西方国家、特别是美国的敌视。美苏两国在社会制度和国家利益上的矛盾也日益加剧，苏联成为美国称霸世界的最大障碍。” ——人教版必修一

“苏联的军事力量空前壮大，国际地位空前提高，是唯一能够与美国抗衡的政治军事大国，加之苏联出于民族利己主义的考虑，推行大国沙文主

义,极力在欧洲扩张自己的势力……”

——人教版必修一

3. 思维碰撞：通过以上内容的学习,你还有何疑问之处？请大胆提出,我们共同探讨！(DO1)

二、美苏争锋之“怎么争”——两极对峙格局形成的过程(PO2)

1. 活动方案(2)：阅读教材第一目第三到第七自然段内容后完成大事年表。(DO2)

时间	事件	主要意义
1946 年 3 月	丘吉尔铁幕演说	
	杜鲁门主义	
1947 年 6 月		对西欧国家的经济复苏起到了很大作用,为美国利用经济手段控制西欧铺平了道路,是美国冷战政策的重要组成部分
1947 年 9 月	共产党和工人党情报局	协调和统一各国党的行动
1949 年 1 月	经济互助委员会	旨在建立一个与西方资本主义世界市场相对抗的社会主义世界市场
1949 年		标志着
1955 年		

2. 活动方案(3)：根据大事年表的内容,请以小组合作的方式设计两极对峙格局形成过程的形势示意图(要求简洁明晰),并请派一名代表展示本组的设计并解释设计意图。(DO2)

3. 思维拓展(2)：利用以上所学内容并结合史料分析,小组合作完成以下问题：(DO2)

史料 5：英国前首相丘吉尔的铁幕演说,从内容上看,是英美资本主义国家对抗苏联及社会主义的扩张,但实质上都反映了英国长期推行的欧洲大陆均势外交政策。……英国想“挫强扶弱”,但由于二战后实力衰落,不得不拉来资本主义最强的美国共同对抗苏联。铁幕演说不只是社会制度的对抗,而且是英苏国家利益的冲突。

——刘金质《冷战史》

问题：丘吉尔发表铁幕演说的真实目的是？反映了什么本质问题？

史料 6：我相信,这是美国外交政策的转折点,它现在宣布,不论在什么地方，不论直接或间接侵略威胁了和平，都与美国安全有关。

——《杜鲁门回忆录》(下卷)

问题：为什么说杜鲁门主义的出台标志着冷战的开始？

史料7：二战后，欧洲一片萧条，严重的经济状况引起政治动荡，此时的西欧，特别需要通过经济输血来稳定资本主义阵脚，美国也意识到复兴西欧是遏制共产主义、稳定资本主义，甚至是关系美国称霸世界的全局问题。……在执行马歇尔计划过程中，美国附加了很多苛刻条件，因此美国的霸权和受援国的主权之间就出现了激烈的碰撞。 ——刘金质《冷战史》

问题：马歇尔计划的直接目的和根本目的分别是什么？马歇尔计划分别对西欧和美国产生了怎样的影响？

史料8：北约并不仅仅"是一个反对苏联和东欧国家的军事政治集团"……实际上"北约既是美国冷战政策的产物，又是它推行强权政治、遏制苏联和控制西欧盟国的工具……"

——吴于廑　齐世荣《世界史》

问题：北约的性质是什么？它在两极对峙格局中起到了怎样的作用？

三、美苏争锋之"争之果"——两极对峙格局造成的影响(PO3)

活动方案(4)：观察教师提供的地图与图片并结合所学知识，谈谈你对"冷战"阴影下的国际关系的感受与认识？(任选一图即可)(DO3)

(说明：以小组合作的方式完成并选出代表阐述小组的观点。)

图3-1　正在修筑中的柏林墙

(来源：中图版高中历史必修1历史图册，2008年版，P74)

图 3-2　战火中的越南儿童

（来源：人民版高中历史选修 3“20 世纪的战争与和平”，2007 版，P113）

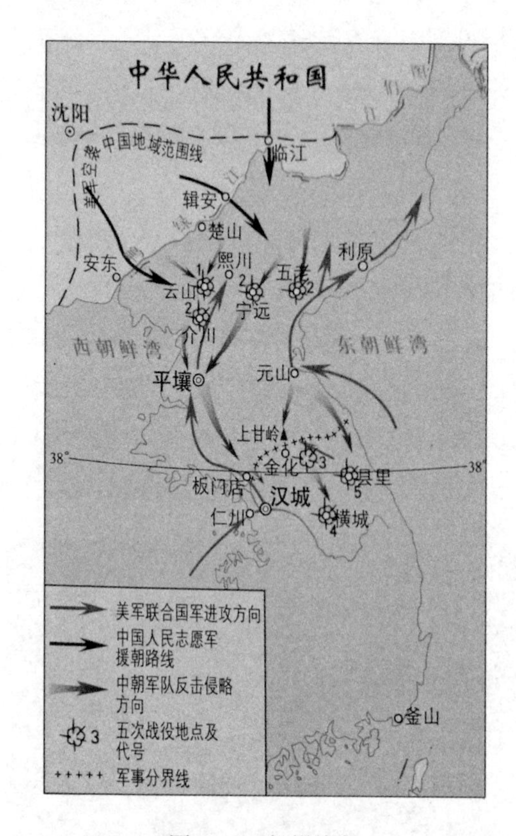

图 3-3　朝鲜战争

（来源：人民版高中历史选修 3“20 世纪的战争与和平”，2007 版，P108）

四、美苏争锋之“如何避免争”——两极对峙格局的结束(PO3)

史料：从 1962 年 10 月 22 日到 12 月 14 日间，肯尼迪和赫鲁晓夫之间来往的信件就有25封……在这些信件中,两人虽然相互指责对方的行为,但是都明确表达了避免世界因为这场危机陷入核大战、通过和平谈判的途径解决危机的强烈愿望。另外,还有其他秘密渠道:……通过这些信件以及其他秘密渠道,两国逐渐达成了谅解:苏联从古巴撤走中程导弹、伊柳辛-28轰炸机及其附属设施,并且保证今后不再将进攻性武器运进古巴;美国承诺不侵犯古巴;等等。因为美苏两个超级大国都不愿意让危机升级,努力避免发生直接的军事对抗。美苏避免发生直接的军事对抗、防止世界大战特别是核大战的发生是古巴导弹危机最后得以平息的根本原因。

——刘金质《冷战史》

问题:古巴导弹危机是如何得到化解的(即化解危机的途径)?采用这一途径的前提条件是什么?由此你认为防止世界战争发生的有效机制有哪些?

【检测与作业】(【C】部分为挑战题,供选做。)

课堂练习

1. 战后(美国)人们所憧憬的安全而充实的生活得到了助力。强大的政治文化奖赏追随者,不遵从者则被边缘化,国内的遏制也由此加固。这种变化主要是由于(　　)。(DO1)

   A. 经济危机后的社会萧条　　B. 冷战时的意识形态对立

   C. 经济全球化对美国的冲击　　D. 恐怖主义造成的恐慌

2. 马歇尔计划于1947年7月正式启动,截至1951年,在提供的共130亿美元援助资金中,有34亿美元用于输入原料和半制成品,32亿美元用于购买粮食、饲料以及肥料等,19亿美元用于进口机器、车辆和重型设备等重工业品,还有16亿美元用于输入燃料。此项计划产生的主要影响与其实施之初衷相一致的是(　　)。(DO2)

   ① 欧洲从战后迅速复苏,与美国成为对等的自由贸易伙伴　② 美国与西欧被援助国双双获益,奠定了西方世界的新格局　③ 促进了西欧的投资与生产,遏制了苏联的影响及扩张　④ 西欧各国学习和适应了美国的经济管理经验,经济恢复与发展

   A. ①②③④　　B. ①②③　　C. ③④　　D. ①④

3. 从1962年10月22日到12月14日间，肯尼迪和赫鲁晓夫之间来往的信件就有25封……在这些信件中，两人虽然相互指责对方的行为，但是都明确表达了避免世界因为这场危机陷入核大战、通过和平谈判的途径解决危机的强烈愿望。下面是对“这场危机”的表述，正确的是（　　）。(DO3)

A. 原因是美国要改变在核力量对比中的不利地位

B. 凸显了冷战中两个超级大国爆发核战争的危险

C. 危机说明美苏争夺由欧洲、亚洲扩展到非洲

D. 体现了世界格局多极化发展的趋势不断加强

课外作业

【C】请在下面的问题中至少选择一个完成。

4. 论述题：联系当今世界政治形势，请你谈谈对冷战局面下国际关系的认识。(DO3)

5. 概述题：结合二战后的史实说明两极对峙格局形成的特征有哪些？(DO3)

【学后反思】

请尝试画出本主题学习的历史知识概念图，或写下自己需要求助的困惑，或分享何以学会的策略等。

地理：自然地理环境的整体性

【设计者】

贺旭东、靳利巧、张强

【内容出处】

第三章第二节“自然地理环境的整体性”。湘教版高中地理必修Ⅰ(2010年版),P70—77。(3课时)

【课标要求】

举例说明地理环境各要素的相互作用,理解地理环境的整体性。

【学习目标】

1. 以本地的自然环境为例,能说出气候、地形、植被、河流等自然地理环境要素间的相互作用,增强从身边获取地理信息的意识和能力;(CS)

2. 经历因黄土高原植被破坏引起其他自然环境要素变化的探讨,会分析当一个要素发生变化时,其他要素及其他地区会如何变化,体会从整体的角度综合分析地理问题的方法,增强环保意识;(CS)

3. 通过对不同地区土壤形成与自然地理环境其他要素间联系的剖析,了解自然因素对土壤形成的影响,会比较分析不同自然条件下发育的土壤肥力的高低;(SG)

4. 通过对三峡大坝修建、过度放牧等人类使用自然资源案例的分析,体会自然资源利用对环境整体性的影响,树立一分为二看问题的辩证态度,

 增强人地协调的观念。(SG)

【评价任务】

1. 小组合作完成图1中的填空,独立完成课堂检测一第1、2题;(DO1)

2. 独立完成课堂检测一第3、4题和课后作业第1、2题;(DO2)

3. 课中独立完成教材P73活动题2和P75活动题2,独立完成课堂检测二第3题和课后作业第3、5题;(DO3)

4. 独立完成课堂检测三和课后作业第4题;(DO4)

5. 完成课后检测与作业中的研究性学习。(DO1、DO2、DO4)

【学习过程】

资源与建议

1. 本主题内容对于接下来第三节“自然地理环境差异性”的学习及第四章“自然环境对人类活动的影响”的学习起到了很好的铺垫作用;通过本主题的学习,有助于理解自然地理环境的整体性,对于形成整体性思想及人地协调观念、提升综合思维能力具有重要作用。

2. 本主题内容的学习,可按以下逻辑顺序进行:

自然地理环境的组成⟶自然地理环境整体性的含义⟶整体性的表现⟶整体性的应用。

可通过对本地自然环境各要素相互作用的讨论及黄土高原植被破坏对自然环境影响的探究来了解整体性的表现,通过对影响土壤形成因素的探讨加深对整体性的理解,并通过实例进行整体性原理的应用。

3. 分析自然地理环境各要素间的相互作用是本主题的重点和难点,在学习过程中可借助画要素间相互作用图及结合具体的地区如本地区、黄土高原、西北地区等典型地区的自然环境特征进行分析,同时搜集一些影像资料及文字材料帮助理解和消化。

一、自然地理环境整体性的表现

(一) 自然地理环境的组成

自主学习

阅读湘教版教材P70,填空。

1. 自然地理环境是________、________、________、________、________等自然地理圈层组成的有机整体。

2. 自然地理要素主要包括________、________、________、________、________五大要素。

(二) 自然地理环境整体性的表现

1. 小组讨论(PO1)

讨论主题：自然地理要素的相互关系

活动安排：全班分为5个小组,每个小组选取一个自然地理要素(为了避免某个要素重复选择可抽签决定),讨论分析这个要素是如何影响其他要素的,并把讨论结果写在下面图1中,小组代表发言。(DO1)

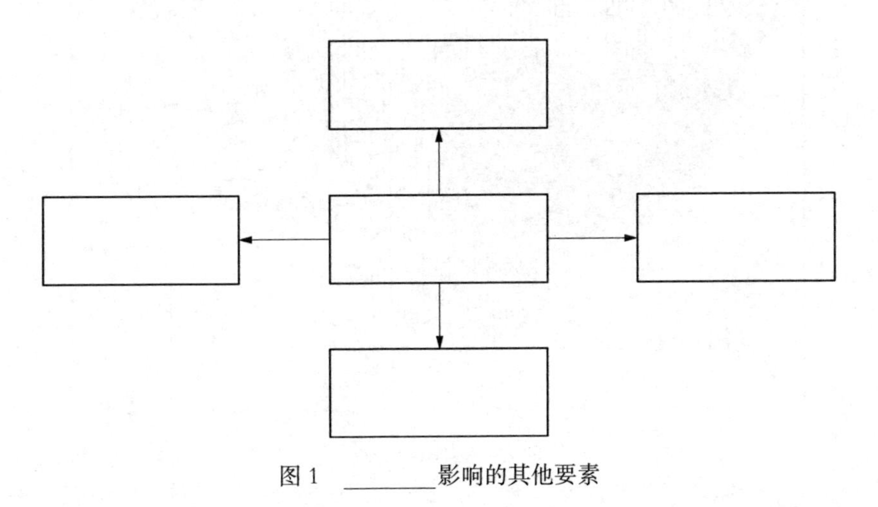

图1 ________影响的其他要素

其他组讨论结果记录：

2. 自主探究一(PO2)

材料一：从有文字记载开始,黄土高原就属于森林草原区,在西周春秋时期,森林覆盖率达53%,当时河流众多比较清澈,枯水季节流量也较大。但随着人口的增加,放牧、砍伐、农垦活动等加大,到宋代以后"郁郁葱葱,绿荫冉冉"的景观就消失了。到了明清以后,已经达到无地不耕的地步,且大量陡坡被开垦，水土流失大大加强，森林只零星地分布在偏僻的山区。水土流失产生的泥沙会在下游河道淤积，造成下游河道泄洪能力降低，增大了发生洪涝灾害的可能性；泥沙淤积又不断抬升下游河床，影响地表水系的演化，还使下游地区地下水位升高，在总蒸发量大于总降水量时，下游地区容易发生土壤盐渍化。

材料二：中国地形图（可参考必修Ⅰ地图册 P4—5）

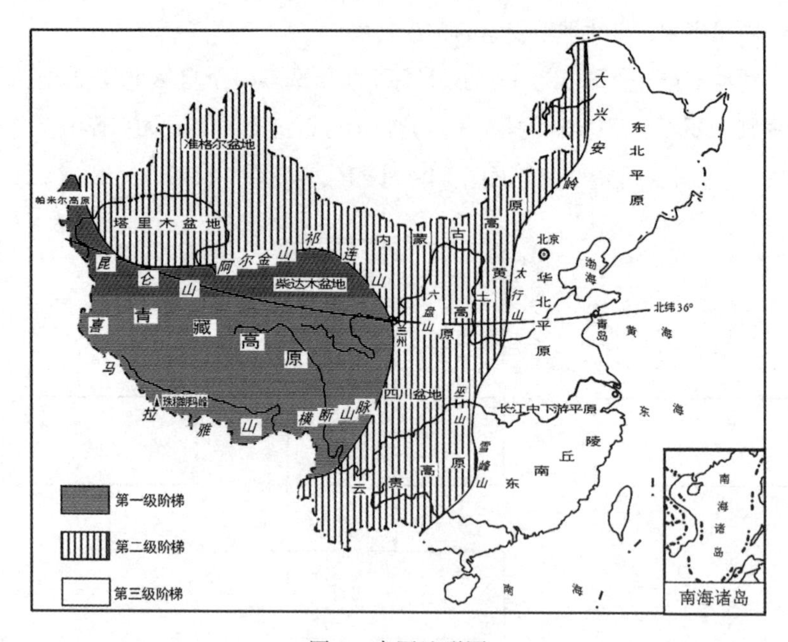

图2　中国地形图

材料三：黄土高原景观图

图3　黄土高原景观图

问题1：黄土高原植被破坏后对当地自然地理环境要素产生怎样的

影响？

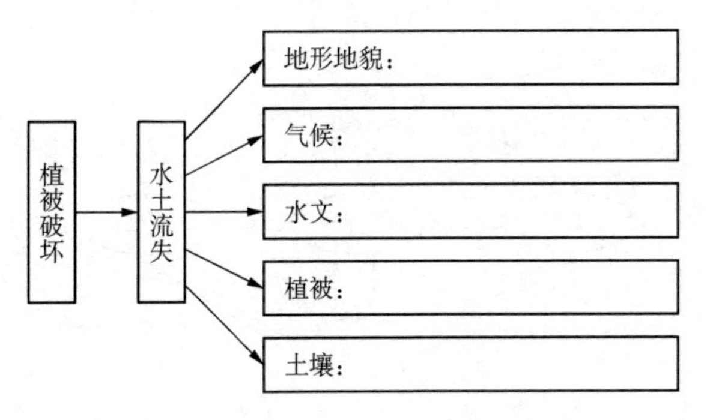

图 4　植被破坏对自然环境的影响

问题 2：黄土高原植被破坏后对处于河流下游的华北平原产生了怎样的影响？

问题 3：我们可以采取哪些措施来保护黄土高原的生态环境？

3. 自我总结

自然地理环境整体性的表现：

(1) 每一要素都作为整体性的一部分，与其他要素＿＿＿＿＿＿＿＿。

(2) 某一要素的变化，会导致＿＿＿＿＿＿＿＿。

(3) 某一要素的变化，不仅影响当地的整个自然地理环境，还会对＿＿＿＿＿＿＿＿。

课堂检测一

1. 从地理环境整体性分析，下列地理现象中与我国西北内陆景观不相符的是(　　)。(DO1)

   A. 气候干旱，降水稀少

   B. 化学风化微弱，物理风化剧烈

   C. 流水侵蚀显著，风力侵蚀微弱

   D. 植物稀少，土壤瘠薄

2. 读自然地理环境各要素的相互关系示意图，图中 ABCDE 五个箭头，表示大气圈对生物圈产生影响的是＿＿＿＿；表示黄土高原千沟万壑地貌特征成因的是＿＿＿＿；表示巴西热带雨林大量砍伐加剧全球气候变暖的是＿＿＿＿；表示“落红不是无情物，化作春泥更护花”的是

________;松花江和珠江水文特征不同,关键是图中________箭头所起的作用。(DO1)

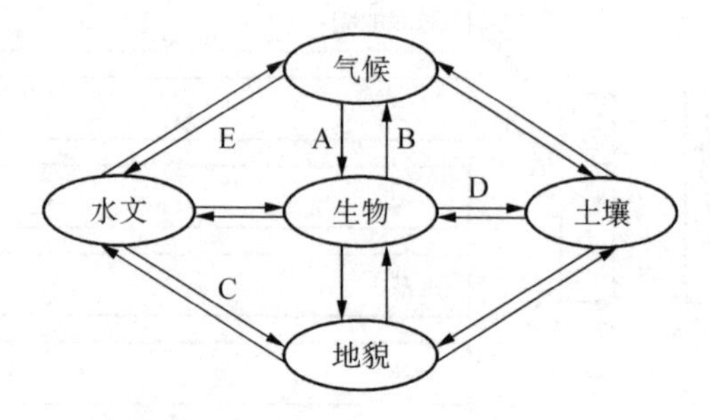

读某大陆海岸变迁示意图,回答 3—4 题。

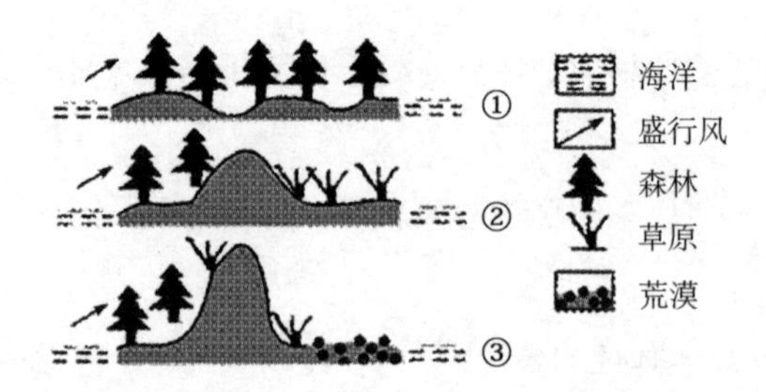

3. 引起图中地表景观变化的根本因素是(　　)。(DO2)

A. 大气环流　　B. 地表形态变化

C. 海陆变迁　　D. 人类活动

4. 图示地理环境的演化过程主要体现了(　　)。(DO2)

A. 地理环境的整体性　　B. 地理环境的差异性

C. 地理环境的稳定性　　D. 地理环境的复杂性

二、自然地理要素的相互作用(PO3)

1. 观看视频

观看一个科学短片《土壤的形成》,说出土壤的大体形成过程并写在下面空白区域。

2. 阅读教材、分组归纳

(1) 分组:全班分成 5 个小组。

(2) 阅读归纳:阅读教材 P71—75 关于自然地理要素的相互作用的内容,各小组分别将这些要素归纳成土母质、气候、生物、地形、人类活动对土壤形成的影响(为了避免某个要素重复选择可抽签决定),写在下面空白区域。

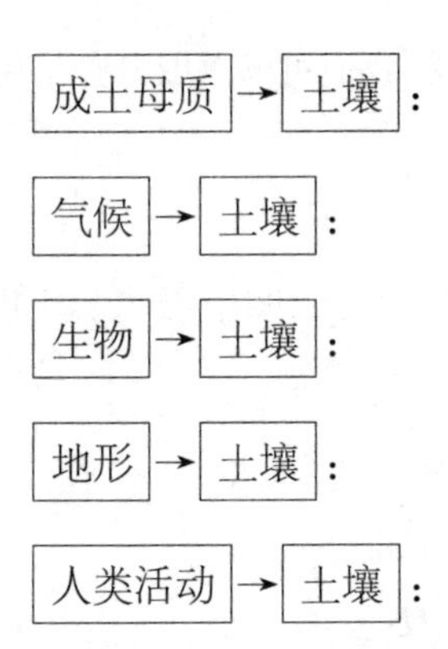

(3) 交流分享：各小组成员交流后派代表进行发言交流，其他组成员进行记录、质疑、补充。

课堂检测二

1. 完成教材 P73 活动题 2。(DO3)
2. 完成教材 P75 活动题 2。(DO3)
3. 下列土壤与当地自然地理环境对应正确的是(　　)。(DO3)
   A. 有机质含量丰富——环境常年暖湿
   B. 土层深厚——山地
   C. 有机质含量少——环境常年寒冷
   D. 热量条件好——阳坡

三、自然地理环境的整体性与资源的综合利用(PO4)

自主探究二

阅读教材 P76 阅读部分“长江三峡工程综合决策”，思考以下问题：

(1) 三峡工程的建设为国家和当地经济发展提供了哪些有利条件？

(2) 三峡大坝的建设对库区及下游地区的自然环境会产生怎样的影响？

自主探究三

阅读材料，回答问题。

材料：巴彦淖尔镇位于内蒙古锡林郭勒盟(市)的西北部，曾是草丰羊肥的美丽牧场，草深可达 1 米多，上个世纪九十年代开始，当地的牧民们开始养越来越多的羊，每家都是成千只地养，土地沙化也越来越严重。

问题 1：内蒙古草原区过度放牧会对当地的自然环境产生怎样的影响？

问题 2：为实现内蒙古草原区的可持续发展，我们可以采取哪些措施？

课堂检测三

读我国某区域农业系统水、大气、生物相互作用图，图中①②③所代表的环节分别是(　　)。(DO4)

A. 降水增加、地面蒸发量增多、气温变幅减小

B. 地面蒸发量增多、气温变幅减小、降水增加

C. 气温变幅减小、地面蒸发量增多、降水增加

D. 降水增加、气温变幅变大、地面蒸发量增多

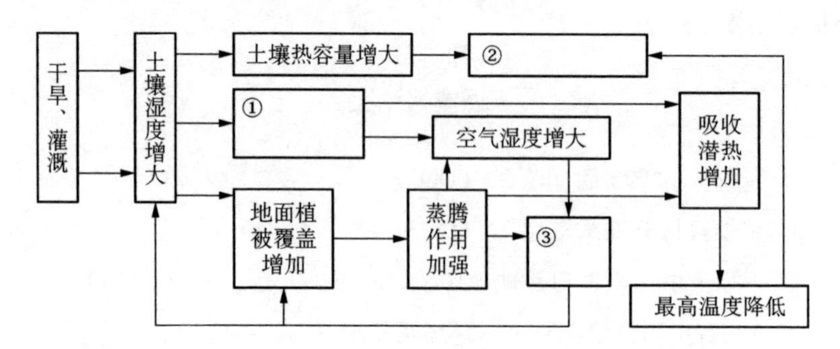

【检测与作业】(【C】部分为挑战题，供选做。)

课后作业

1. 毁林，尤其是热带雨林的大面积破坏可能引发的环境问题有(　　)。(DO2)

① 大气中的 CO_2 的浓度增加　② 造成南极臭氧空洞扩大　③ 水土流失严重，环境恶化　④ 物种数量锐减，甚至灭绝

A. ①③④　　B. ②③④　　C. ①②④　　D. ①②③

地理环境中各事象之间是相互联系的，某事象发生变化就会给其他事象带来影响，甚至发生一系列的变化。

2. 图中所示的中心事象"甲"可能是(　　)。(DO2)

A. 人口数量增大　　B. 气候变化

C. 森林破坏　　D. 围湖造田

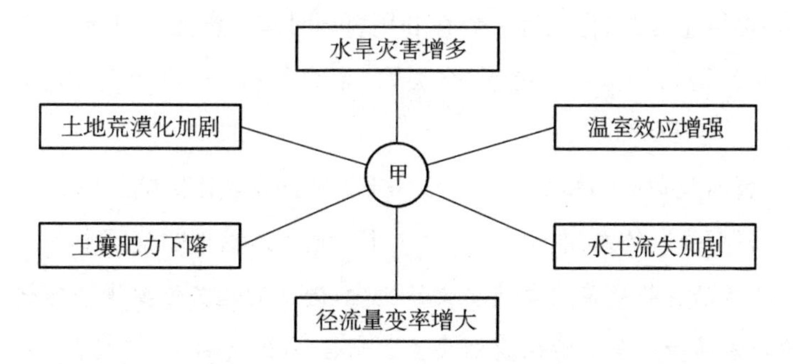

3. 长江中下游平原被称为“鱼米之乡”，其肥沃的土壤形成的自然原因主要是(　　)。(DO3)

   A. “离离原上草，一岁一枯荣”，草木的生生死死积累了有机质

   B. “寻常看不见，偶尔露峥嵘”，火山喷发的火山岩风化形成的

   C. “我住长江头，君住长江尾”，流水带来的肥沃土壤在这里沉积

   D. “庄稼一枝花，全靠肥当家”，农民年复一年使用粪肥培育出来的

4. 读下图，完成下列问题。(DO4)

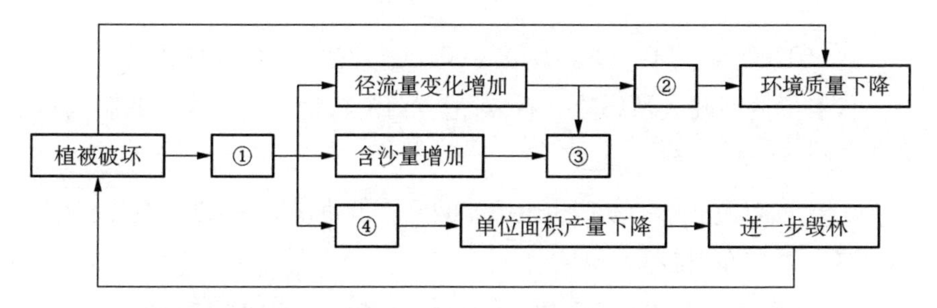

   (1) 将合适的字母填入图中空格内(每项限用一次)。

   A. 土地肥力下降　　B. 洪水灾害增多

   C. 河道淤塞加快　　D. 水土流失加剧

   (2) 一个地域的自然资源是一个________，一种资源的变化，将使其他资源及其环境发生变化。图中内容表明，生物资源的破坏会危及________资源和________资源。

   (3) 1998 年长江洪水并未达到历史上最大流量，却创下多项洪涝灾害的历史纪录。结合所学知识，试分析其人为原因：

   上游____；

   中游____；

   下游____。

(4) 据以上分析,你认为人类在利用资源时需注意什么问题?

5. 下列各种自然条件下的土壤类型,发育较好、有机质含量较高的是(　　)。(DO3)

A. 黄河三角洲的冲积土　　B. 江南丘陵山区的红壤

C. 青藏高原的寒漠土　　D. 塔里木盆地的荒漠土

人类活动会导致某些自然要素的变化,进而引起其他要素的变化,其中水是比较容易受人类影响的自然要素。结合下图,完成6—7题。

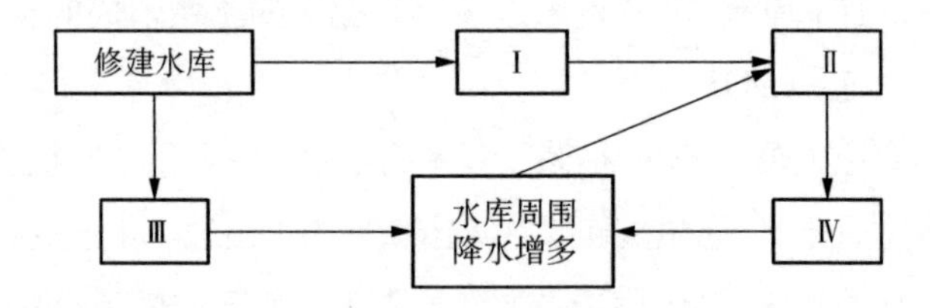

【C】6. 判断Ⅰ、Ⅱ、Ⅲ、Ⅳ相应内容的排序,正确的是(　　)。

① 土壤水增多　② 库区蒸发量增大　③ 蒸腾加强　④ 植被覆盖率增大

A. ①③②④　B. ②④①③　C. ①④②③　D. ①④③②

【C】7. 阿斯旺大坝修建之后,对尼罗河河口地带产生的负面影响有(　　)。

① 土壤肥力下降　② 产生土壤盐碱化　③ 洪涝灾害加剧　④ 渔业产量下降　⑤ 三角洲面积扩大

A. ①②③　B. ②③④　C. ①③⑤　D. ①②④

【C】研究性学习

课后搜集关于本地区洪涝灾害的资料,试分析洪涝灾害的原因,提出相关的解决方案,并撰写小论文。(DO1、DO2、DO4)

【学后反思】

请梳理本主题学习的知识体系,分享何以学会的策略,写下自己需要求助的困惑等。

⑩ 信息技术：数据库系统

【设计者】

周加峰、胡红燕、张红光

【内容出处】

4.2 数据库系统。浙教版信息技术基础(2004 年版)，P87—92。(2 课时)

【课标要求】

通过使用常见的数据库应用系统，感受利用数据库存储、管理大量数据并实现高效检索方面的优势。通过对简单数据库的解剖分析，了解使用数据库管理信息的基本思想与方法。

【学习目标】

1. 体验局域网内信息采集，了解信息资源管理的内涵，会列举常见的信息管理实例；(CS)

2. 通过对简单数据库的剖析，感知 Access 软件的基本界面，理解数据表、字段、记录等概念，掌握添加、修改、删除记录的操作；(CS)

3. 在局域网信息采集和实验操作的基础上，概括数据库系统的基本概念，理解数据库系统的运行原理，感受数据库在数据存储、管理、检索方面的优势；(CS)

4. 会根据需求分析数据表的字段及其数据类型；尝试运用多种方式建立数据表；探究数据表中记录的导入和导出；初步体会数据高效管理的思想

和方法。(SG)

【评价任务】

1. 完成思考1;(DO1)
2. 独立完成思考2和练习1;(DO2)
3. 独立完成练习2;(DO3)
4. 独立完成思考4、思考5,通过讨论与合作完成思考7。(DO4)

【学习过程】

资源与建议

1. 本主题的学习是为将来学习选修模块"数据管理技术"做知识和技能的准备,同时为选考模块"算法与程序设计"中VB访问Access数据库打下基础,有利于养成良好的信息资源管理习惯,掌握信息资源管理的常用方法,对于今后的生活、工作和学习是相当有益的。

2. 本主题的学习按以下流程进行:信息采集→实践体验→理论提升→观察分析→亲历设计。

3. 本主题的重点是数据库、数据表的概念,数据类型、数据管理操作的基本方法,数据表的建立,以及信息管理的思想和方法。

一、信息采集,引出数据库(PO1)

登录局域网信息采集系统,登记学生个人信息。

思考1:你刚才填入的信息到哪里去了?

请你列举一些日常生活中类似的信息管理实例?(DO1)

二、实践体验,感受数据库(PO2)

任务1:打开"data.accdb"数据库,了解其基本构成。

1. 观察数据库文件名、数据表个数

数据库文件名为________(扩展名mdb或accdb);该数据库文件有________张数据表,数据表名称是________。

2. 了解数据表字段、记录的含义

打开"info"数据表,Access表由行和列组成。Access表中的列称为________,一个列中存储的是同一种类型的数据信息(例如数字型中就不能存储文本型数据)，表中的行称为________，是一条完整的数据信息。

思考 2：用 Access 软件创建的数据表如图所示，观察后可以得到以下信息：(DO2)

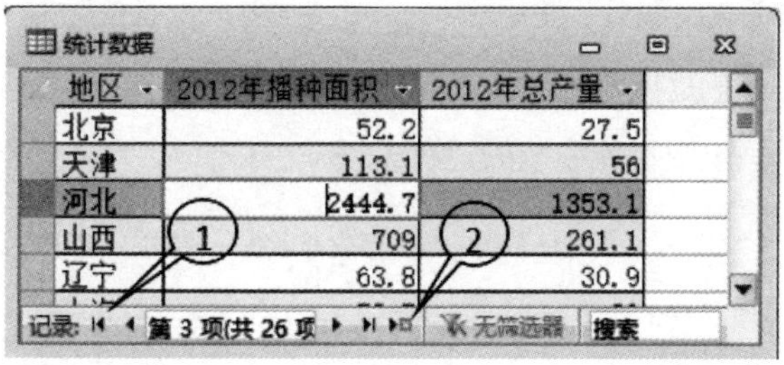

统计数据

地区	2012年播种面积	2012年总产量
北京	52.2	27.5
天津	113.1	56
河北	2444.7	1353.1
山西	709	261.1
辽宁	63.8	30.9

记录：第 3 项(共 26 项　①　②　无筛选器　搜索

(1) 数据表中共有________条记录；

(2) 数据表中共有________个字段；

(3) 单击①处按钮，当前记录号将变为________；

(4) 单击②处按钮，当前记录号将变为________。

任务 2：添加、修改、删除记录。

1. 删除记录：删除姓名重复或空白的记录。

2. 修改记录：找到自己的记录，修改自己的个人信息。

3. 添加记录：在表的最后添加一条记录，内容为“高一(×)、张小华、男、1997/10/28、3218888、住校、初来乍到！”。

练习 1：(DO2)

(1) 新书上架前，图书管理员把新书注册登记到图书馆数据库，所执行的操作是(　　)。

(2) 高三同学毕业后，管理员删除高三学籍数据，所执行的操作是(　　)。

(3) 某同学修改自己的 QQ 个性签名，所执行的操作是(　　)。

A. 添加记录　　B. 修改记录　　C. 删除记录

D. 删除数据表　　E. 新建数据表　　F. 修改数据表结构

三、理论提升，定义数据库(PO3)

探究 1：提炼数据库系统的几个概念

1. 数据库：指有________地、________地存储在辅助存储器上的，能为多个用户________的、与应用程序能彼此________的一组相互关联着的数据的集合。

2. 数据库管理系统：建立和管理数据库。主要的管理系统有________、________、________。

3. 数据库应用系统：按用户________为用户设计的配套系统。

思考 3：他们之间的关系是怎样的？

探究 2：画出数据库系统的运行模型

“用户—应用程序系统—数据库管理系统—数据库—数据”

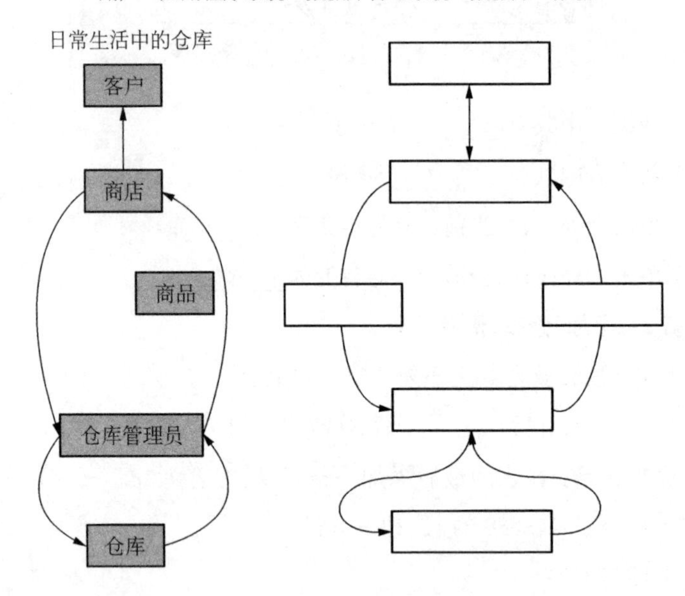

练习 2：(DO3)

(1) 使用搜索引擎检索信息，检索结果一般通过网页或文件的形式来展现。检索过程实际上是检索搜索引擎网站中的(　　)。

A．网页　　B．索引数据库

C．文件　　D．计算机网络

(2) 下列数据库管理系统软件中属于小型数据库管理系统的是(　　)。

A．Oracle　　B．Access

C．SQL Server　　D．FoxPro

(3) 完成下表。

A．数据库　　B．数据库管理系统

C．数据库应用系统

图标	Microsoft Access 2010	音乐库.mdb	家园音乐网
选项			

四、观察分析,探秘数据库(PO4)

活动 1：查看数据表字段的数据类型

在“info”表上右键菜单中的“设计视图”察看字段使用的数据类型(结合书本 P89 表格)。

字段名称	数据类型
ID	
班级	
姓名	
性别	
出生年月	
QQ	
是否住校	
个性签名	

思考 4：根据给定的数据类型正确地添加记录。(DO4)

(1) 使用 Access 软件创建了一张数据表,其结构如图所示：若在该数据表中录入数据,下列操作错误的是(　　)。

字段名称	数据类型	说明
卡号	文本	
姓名	文本	
性别	文本	
班级	文本	
金额	货币	
办卡日期	日期/时间	

A. 在“卡号”字段中输入“2014090016”

B. 在“性别”字段中输入“男”

C. 在“金额”字段中输入“100.00”

D. 在“办卡日期”字段中输入“2014\9\1”

(2) 使用 Access 软件创建的数据表如下,若删除当前选中的记录,那么字段 id 对应的数字 17 会变成(　　)。

id	专辑编号	专辑名
15	015	稻草人
16	016	青藏高原
17	017	Red
* (新建)		

记录: 第 16 项(共 17 项) 无筛选器 搜索

A. 15　　　B. 16　　　C. 17　　　D. 18

思考 5: 根据给定的记录说出字段的数据类型。(DO4)

(1) 某网店手机销量表如下:

手机销量表

编号	品牌型号	7—12 月销量	占比(%)	入库日期
P01	iPhone 5s	532	23.03	2014 年 4 月 16 日
P02	三星 S5	329	14.24	2014 年 5 月 23 日
P03	HTC M8	215	9.31	2014 年 6 月 26 日
…	…	…	…	…

若用 Access 数据表来存储,请写出表结构设计时字段合适的数据类型。

字段名称	数据类型	说明
no		编号
brand		品牌型号
sale		7—12 月销量
proportion		占比(%)
date		入库日期

五、亲历设计,创建数据库(PO4)

设计一个管理唱片的数据库,保存文件名为"唱片. accdb",其中包含"专辑表"和"歌曲表"。

任务 1: 设计表结构并录入数据

1. 根据 Excel"专辑表. xls"中的数据组成,分析数据表各字段的数据类型。

字段名称	数据类型
专辑编号	文本(字段大小 10)
专辑名	
歌手	
是否 CD	
发行日期	
价格	
简介	

2. 使用创建→表设计,表名为“专辑表”。

思考 6:如何将 Excel“专辑表. xls”中的数据快速录入到数据表中?

探究任务:有没有更加快捷的方式完成“歌曲表”的创建并添加记录?

思考 7:

1. 使用导入的方法创建表时,字段的数据类型还能进行更改吗?(DO4)

2. 请举例说明这两种创建表的方式适合在什么情况下应用?(DO4)

【检测与作业】(【C】部分为挑战题,供选做。)

1. 信息资源管理的根本目的是(　　)。(DO1)

A. 存储信息

B. 促进信息资源的开发和有效利用

C. 信息保密

D. 交流信息

2. 关于 Access 数据表的操作,下列说法正确的是(　　)。(DO2)

A. 删除所有记录,则该数据表也被删除

B. 数据类型为自动编号的字段值不能被编辑

C. 在数据表中添加记录,则字段个数也会增加

D. 修改字段名,数据表中相应字段值也会改变

3. 以下属于数据库管理的是(　　)。(DO3)

A. 用 Word 表格统计一个学校的高考成绩

B. 用笔和纸统计一个班级的高考成绩

C．纸质个人高考成绩通知单

D．海南省高考成绩查询系统

4. 某商店经理将所有货品、价格写在一本簿子上，每行包括一货品名称及其售价。若利用数据库管理系统将上述数据存储起来，下列描述恰当的是（　　）。（DO4）

① 每条记录代表簿内的一行　② 货品名称及其售价均为字段　③ 所有字段的类型均相同

A．只有①　　B．只有③　　C．①②　　D．②③

5. 图 5－1 是某书店藏书数据库中某个数据表的截图，下列描述中正确的是（　　）。（DO4）

books

id	bookno	sortno	title	author	price	number	单击以添加
1	10001	小说	爱尔兰咖啡	蔡智恒	18.7	5	
2	10002	自然科学	彼此的抵达	茅以升	19.5	5	
3	10003	操作系统	操作系统基础	朱铨	102	4	

记录：第 3 项(共 72 项　无筛选器　搜索

图 5－1

① 数据表中共有 8 个字段　② 数据表名称是 books. accdb　③ 添加新书记录可以点 ▶*　④ 其中 title 字段的数据类型应为文本

A．①③④　　B．③④　　C．②③④　　D．①③

6. 王辉准备开一家超市，他使用超市管理系统对超市进行科学规范的管理。（DO1、DO2、DO3、DO4）

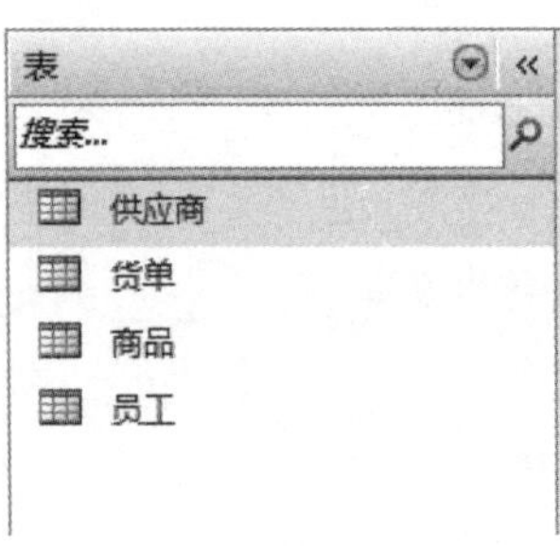

图 6－1

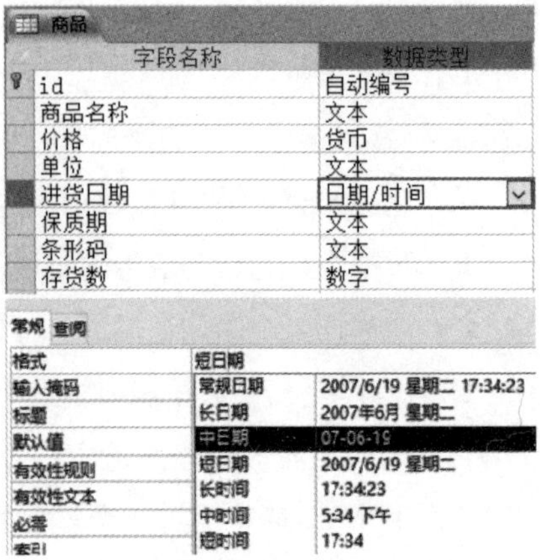

商品

字段名称	数据类型
id	自动编号
商品名称	文本
价格	货币
单位	文本
进货日期	日期/时间
保质期	文本
条形码	文本
存货数	数字

常规　查阅

格式	短日期	
输入掩码	常规日期	2007/6/19 星期二 17:34:23
标题	长日期	2007年6月 星期二
默认值	中日期	07-06-19
有效性规则	短日期	2007/6/19 星期二
有效性文本	长时间	17:34:23
必需	中时间	5:34 下午
索引	短时间	17:34

图 6－2

(1) 如图 6 - 1 所示的超市管理数据库中,共有________张数据表。

(2) 如图 6 - 2 所示,当前正在设计的表是________,其中字段个数是________。

(3) 数据库管理人员在测试数据库时在商品数据表的“进货日期”列中输入数据后弹出如图 6 - 3 所示的错误提示对话框,结合题目信息,试述出错的原因和修改方法:____。

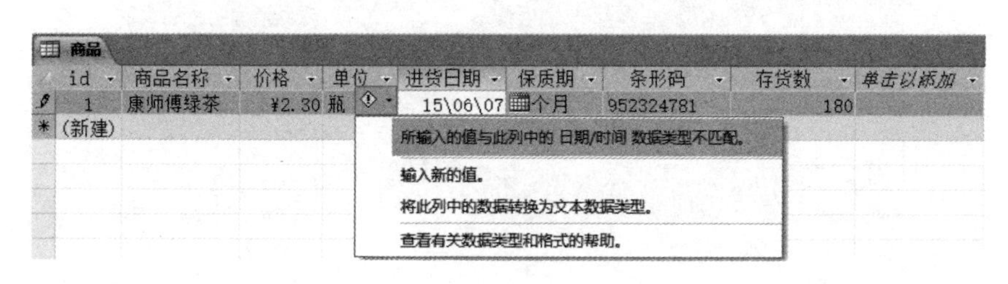

图 6 - 3

7. 小刘要根据图 7 - 1 所示的 Excel 表格数据建立一个数据库文件“学生.mdb”。请回答以下问题:(DO1、DO2、DO3、DO4)

学号	姓名	性别	出生日期	团员	电话
10211101	张三	男	02-Mar-99	是	
10211102	李四	男	03-Mar-99	否	
10211103	王五	女	07-Jun-99	是	
10211104	赵六	女	07-Sep-99	否	

图 7 - 1

字段名称	数据类型
学号	数字
姓名	文本
性别	文本
出生日期	日期/时间
团员	是/否
电话	文本

图 7 - 2

(1) 他用 Access 软件建立了“学生”数据表,表结构如图 7 - 2 所示。在将图 7 - 1 所示的所有内容复制到“学生”数据表时弹出如图 7 - 3 所示的错误提示对话框,分析出错的原因:________________,若不改变数据表结构,应将 Excel 表格数据________列的数据修改为________。(选填:shi、fou/True、False/真、假)

图 7 - 3

(2) 小刘修改数据并成功录入后,发现还需添加一条新记录。他的操作方法是:在当前记录上右击鼠标弹出快捷菜单,如图 7-4 所示,可知当前记录是第________条,选择快捷菜单中的“新记录”命令,则新记录将成为第________条记录。

ID	学号	姓名	性别	出生日期	团员
1	10211101	张三	男	1999/3/2 星期二	☑
2	10211102	李四	男	1999/3/3 星期三	☐
3	10211103	王五	女	1999/7/7 星期三	☑
4	10211104	赵六	女	1999/8/5 星期四	☐
5	10211105	钱七	男	/6 星期四	☑
6	10211106	孙八	女	/6 星期一	☐
7	10211108	周九	男	/8 星期六	☑
(新建)					☐

新记录(W)
删除记录(R)
剪切(T)
复制(C)
粘贴(P)
行高(R)...

记录: 第 5 项(共 7 项) 无筛选器 搜索

图 7-4

【C】8. 图 8-1 所示是 CCTV 感动中国十大人物评选的网页截图。如果由你来担任本次评选的数据库设计工作,你会设计哪些字段,相对应的数据类型是什么?(DO1、DO2、DO3、DO4)

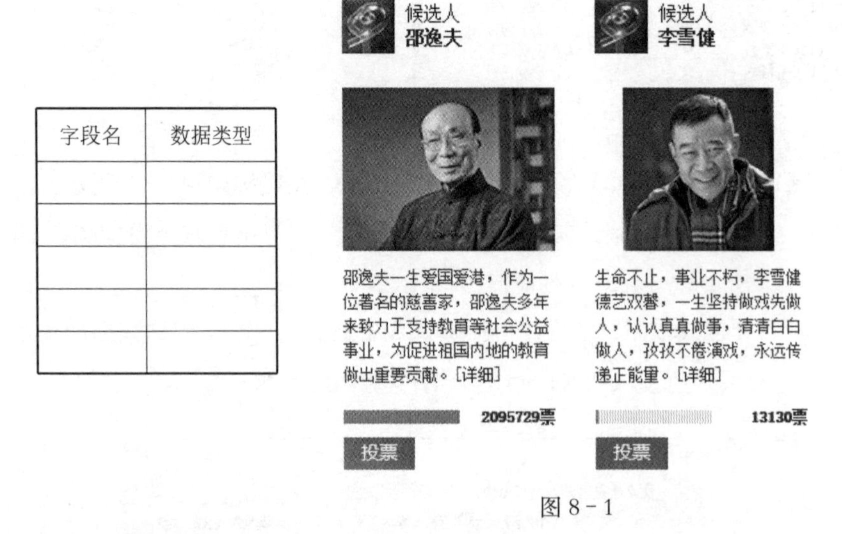

字段名	数据类型

图 8-1

【学后反思】

请尝试画出本主题学习的概念图,或写下自己需要求助的困惑,或分享何以学会的策略等。

 通用技术：简单结构的设计

【设计者】

陈颖、赵刚

【内容出处】

第一单元第三节“简单结构的设计”。苏教版高中通用技术必修2“技术与设计2”(2012年版)，P24—29。(3课时)

【课标要求】

1. 掌握结构设计的基本思想和方法；
2. 能针对一个简单对象进行结构设计，并绘制设计图纸，做出模型。

【学习目标】

1. 通过对生活中典型结构的分析，归纳出结构设计应考虑的功能、稳固性、安全、成本、美观等基本因素；能针对简单结构的产品围绕基本因素提出具体的设计要求，逐步养成多角度考虑技术问题的思维习惯；(SG)

2. 通过对某产品的技术标准的分析，体会技术标准对结构设计的指导意义，逐步树立标准意识；(CS)

3. 经历一个简单结构的设计过程，能绘制设计草图，并制作实物模型，提高将意念表达转化为操作方案的能力；(CS)

4. 能在具体的结构设计中围绕功能、稳固性等因素，提出可行的结构方案，提高运用结构设计知识解决实际问题的能力。(SG)

【评价任务】

1. 完成巩固练习 1、2、3 及检测与作业 1、2、3;(DO1)

2. 完成检测与作业 2;(DO2)

3. 完成检测与作业 4、5。(DO3、DO4)

【学习过程】

资源与建议

1. 本节内容与通用技术必修 2“技术与设计 2”第二节“稳固结构的探析”及通用技术必修 1“技术与设计 1”的设计知识紧密联系,具有较强的综合实践性。本节内容对于深刻领悟“技术与设计 1”的设计思想和方法具有重要的指导作用。

2. 完成结构分析一,了解结构设计应考虑的诸多因素及技术标准对于结构设计的意义→完成结构分析二,通过对真实产品结构的分析,感受设计师是如何围绕功能和稳固性进行结构设计的。

3. 围绕功能、稳固性等因素对简单对象进行结构设计,是本节的重点和难点。建议学习时分两个阶段:结构分析和结构设计。**结构分析**,即对真实产品进行解剖分析,了解结构设计的意图,特别是结构与功能、结构与稳固性之间的关系,不断积累结构素材。**结构设计**,即运用前期积累的知识和方法进行简单结构的设计,不断提高知识的应用能力。设计过程中,尽量多做实物模型,帮助发展构思。方案成型后,多与市面上成熟的产品结构进行比较,不断反思改进。

需要准备:

1. 复习影响稳定性、强度的主要因素;(详见“技术与设计 2”P11—20)

2. 复习设计的一般原则。(详见“技术与设计 1”P57—67)

一、结构设计应考虑的主要因素

1. 阅读教材 P24—26 的有关内容,了解设计结构应考虑的主要因素。

结构分析一:课椅的结构(PO1、PO2)

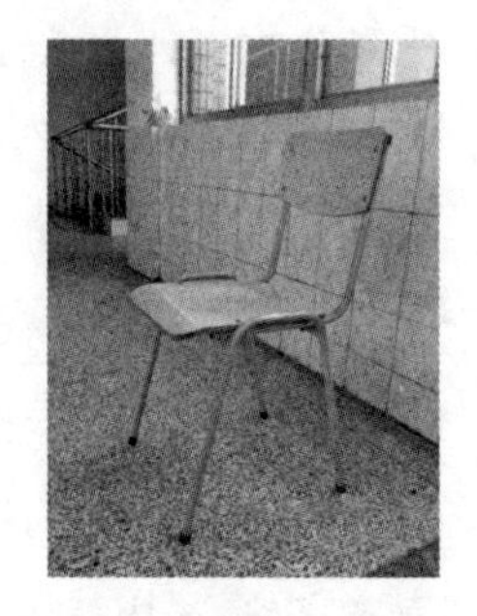

图 1

图 1 所示的课椅主要由椅面、椅背、支架三部分组

成。组成支架的各圆钢管之间均采用焊接,椅面与支架之间采用螺栓与螺母连接,椅背与支架之间采用铆钉连接。

任务 1: 仔细观察各部分的形状及连接方式,分析各部分结构设计的意图以及考虑的因素。分组讨论,完成下表。

考虑的因素	相应的结构设计	设计意图
功能	该结构主要由椅面、椅背、支架三部分组成。	用以支撑使用者的臀部、大腿及背部。
	(与椅背与支架之间采用铆钉相比)椅面与支架之间采用可拆卸的螺栓、螺母连接。	
	线条简洁、流畅。	

任务 2: 阅读 GB/T 3976—2014《学校课桌椅功能尺寸及技术要求》(见附件一)。

(1) 该标准规定“靠背点以上向后倾斜,与垂直面之间呈 6°—12°”,用意何在?

____。

(2) 该标准规定“座面前缘及两角钝圆”,用意何在? ______________。

【感受与收获】如何才能设计出优良的结构? 课椅的结构设计给你怎样的启示?

____。

巩固练习 1: 空调外机支架的结构(DO1)

(1) 下图所示是空调外机的支架,观察实物,指出这两款支架在结构方面的不同之处。

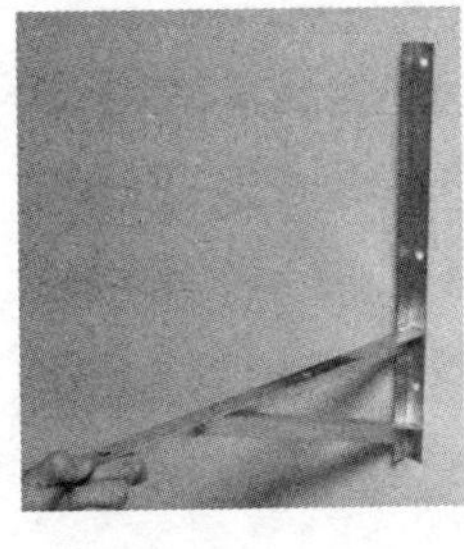

图 2 - 1

图 2 - 2

(2) 假如你是该支架设计项目的负责人,面对这两套方案,你会选择哪一个? 说明理由。

(3) 空调支架的结构设计应实现哪些设计要求? 这些设计要求是围绕哪些因素得出的? 完成下表。

考虑的因素	设计要求

巩固练习 2: 木质书架的结构(DO1)

(1) 图 3 所示是某学生设计的木质书架。观看微视频,了解其结构特点。指出该结构存在的优点与不足。

图 3

________________________________。

【感受与收获】通过上述两个练习,你认为,结构设计应考虑的诸多因素中,哪些因素尤为重要,应优先考虑? __________。

结构分析二: 摄像机支架的结构(PO1)

图 4 - 1 所示是一款室外摄像机(96 * 90 * 186,单位 mm),重约 0.78 kg。机身底部有两个安装螺孔,用于固定在支架上。图 4 - 2 所示是安装在墙壁上的效果图。

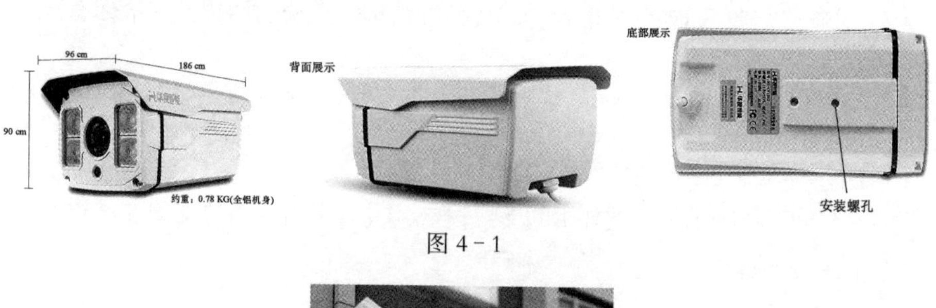

图 4 - 1

图 4 - 2

任务1：请用塑料膨胀螺栓将支架固定在墙面上(KT板)；用安装螺栓将摄像机(牙膏盒)固定在支架上。

任务2：观察图4-3所示支架的结构特点(包括组成部分及形状、连接方式等)，然后完成(1)—(4)小题。

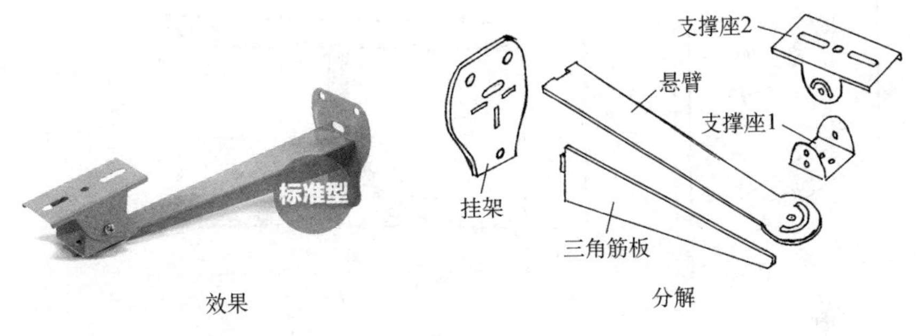

图4-3

(1) 悬臂与挂板的连接方式是________。

(2) 悬臂与三角筋板的连接方式是________。

(3) 悬臂与支撑座1的连接方式是________。支撑座1与支撑座2的连接方式是________。

(4) 悬臂上的孔是________(光孔/螺孔)，支撑座1上的孔是________(光孔/螺孔)，支撑座2上的孔是________(光孔/螺孔)。

任务3：分析这款支架各部分的结构设计意图。

任务4：分析该支架的哪些结构设计是围绕"功能"因素展开的？归纳该支架的具体功能。

任务5：该支架在使用过程中会受到各种外力的作用，比如摄像机的重力、多变的风力等。设计师采取了哪些措施来抵抗外力对它的不良影响？

巩固练习3：如图5-1所示是一款木质提示牌。某校通用技术老师要求学生利用3 mm厚、30 mm宽、长度足够的条钢制作一款支撑提示牌的支架(辅助材料不限)，从而将提示牌摆放在学校门口。图5-2是某学生设计的支架。请分析该方案存在的问题，并提出改进措施。(DO1)

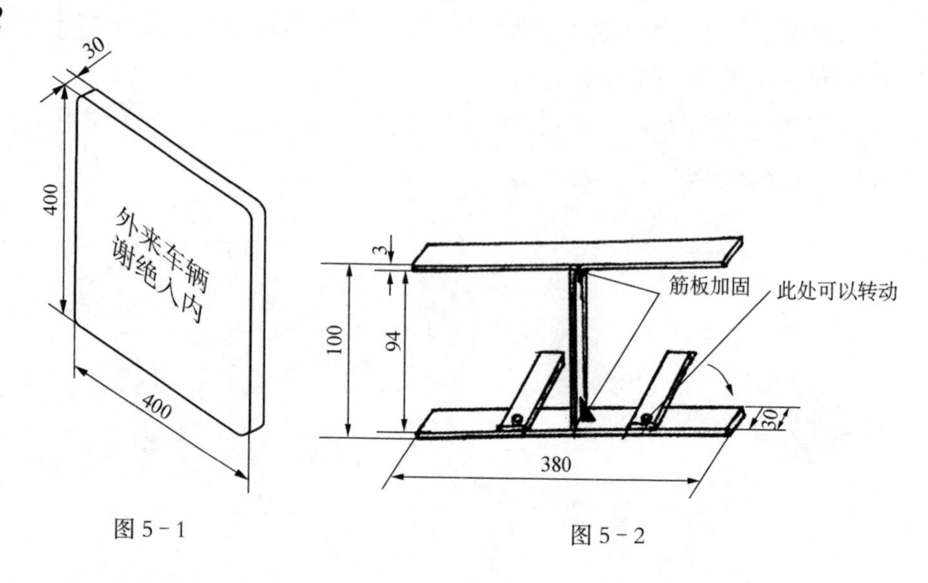

图 5－1

图 5－2

二、简单结构的设计

设计项目：为图 5－1 所示的提示牌设计一款支架(PO3、PO4)

设计要求：(提示：围绕支架的结构设计应考虑的主要因素，列出具体的设计要求。)

结构设计应考虑的因素	相应的设计要求

材料准备：A4 硬卡纸 1 张、剪刀 1 把、美工刀 1 把、直尺 1 把、螺丝刀 1 把、螺栓、螺母若干。

设计分析：

(1) 使用者对支架有哪些具体的功能需求？

(2) 提示牌及支架在使用过程中可能受到哪些力的作用？如何确保其稳固性？

设计方案：(用草图表达)

模型制作：利用所给的材料制作模型。

方案评价：(提示：围绕事先制定的设计要求进行评价)

三、课堂小结

1. 结构设计应考虑的主要因素有哪些?

2. 归纳技术标准对于结构设计的意义。

3. 结构设计要考虑的诸多因素中,哪些因素应优先考虑?说明理由。

4. 归纳结构设计的基本方法。

【检测与作业】

1. 图6-1是常见的牙刷。牙刷的结构设计主要考虑了哪些因素?完成下表。(DO1)

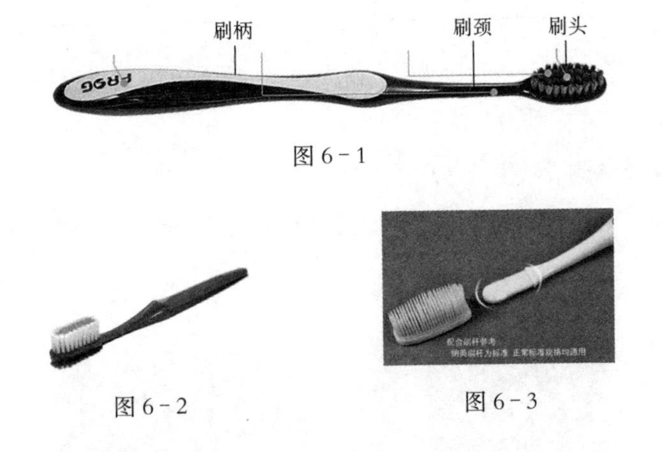

图6-1

图6-2

图6-3

考虑的因素	相应的结构设计
	牙刷的刷头小巧,便于深入口腔深处,保证灵活转动,清洁后部牙齿。
	刷头前端为圆钝形,确保口腔舒适和安全;刷颈细长,具有一定弹性,便于控制力度,确保牙龈不受伤害。
	牙刷造型流畅,满足人们的审美需求。
	与图6-1所示牙刷相比,图6-2所示牙刷原料用量少,模具数量仅一套。
	如图6-3所示的换头牙刷可以节约资源,减少环境污染。

2. 如果要设计一款临时停车时使用的三角警告牌支架(如图 7 所示),你认为,在结构设计时要考虑的主要因素有哪些?列出相应的设计要求。(相关的国家标准见附件二)(DO1、DO2)

图 7

要考虑的具体内容	相应的设计要求

3. 选择一款你身边的产品,如人字梯、折叠电脑桌、液晶电视挂架等(如图 8 所示),完成如下任务:(DO1)

(1) 该结构设计主要考虑了哪些因素?

(2) 该结构设计围绕功能和稳固性都采取了哪些具体的措施?

图 8

4. 方华同学观察发现，高中生有大量书本叠放在桌面上，取放不便。于是他利用已经刨光、厚度为 5 mm 的松木板，设计并制作了一款桌用书架，见表 1。

表 1

制作书架所需木板的平面图和尺寸(单位：mm)	数量(块)	书架草图
195 5 60 60 180	2	100
60 400	3	

项目试验时，方华发现了一个设计缺陷：当放置少量书时，书会倾倒。为解决这个问题，方华上网查阅了大量信息，并收集到了如图 9 所示的书夹，认为该结构有一定的参考价值。

请利用余料板(充足)和木胶，设计制作一个活动隔板，把书架分成左右两格，要求：①与书架搭配吻合；②左右两格长度空间都可在 50 mm—335 mm 之间变化。

图 9

画出活动隔板的设计草图，标注必要的尺寸(不考虑因滑动而需的缩放尺寸)，并利用 KT 板制作模型。(DO3、DO4)

5. 高中生的课桌上堆满了门类不同的书本，如图 10 所示。找书、取书都很不方便。请为高中生设计一款在课

图 10

 桌上使用的木质小书架，模型材料自选。(DO3、DO4)

【学后反思】

请尝试画出本主题学习的概念图，或写下自己需要求助的困惑，或分享何以学会的策略等。

附件一：

GB/T 3976—2014《学校课桌椅功能尺寸及技术要求》(节选)

中华人民共和国国家标准 GB/T 3976—2014《学校课桌椅功能尺寸及技术要求》(Functional sizes and technical requirements of chairs and tables for educational institutions)由中华人民共和国国家质量监督检验检疫总局、中国国家标准化管理委员会于 2014 年 12 月 05 日发布，自 2015 年 05 月 01 日起实施，同时代替 GB/T 3976—2002。

本标准规定了中小学校、托幼机构和高等院校课桌椅的大小型号、功能尺寸、分配使用及其他卫生要求。

本标准适用于大、中、小学校及托幼机构课桌椅的生产加工和使用。

4.3 课椅

4.3.1 课椅的尺寸(略)

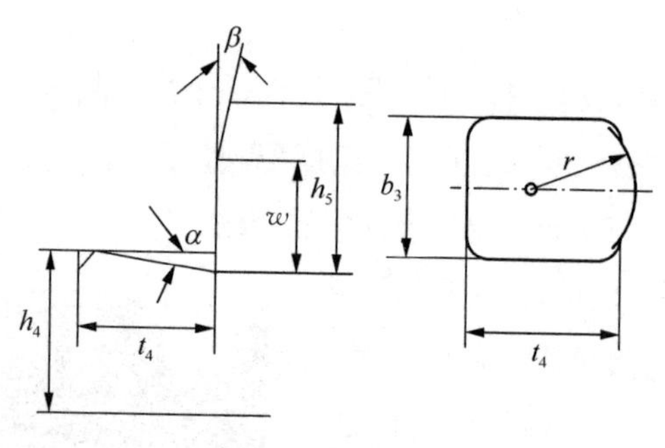

图 3 课椅尺寸

说明：

h_4——座面高；h_5——靠背上缘距座面高；w——靠背点距座面高；t_4——座面有效深；b_3——座面宽；α——座面向后下倾斜的角度；β——靠背

点以上向后倾斜，与垂直面之间的夹角；r——座面沿正中线如呈凹面时的曲率半径。

4.3.2　椅座面

椅座面向后下倾斜 0°—2°(图 3，α)。座面沿正中线如呈凹面时，其曲率半径在 500 mm 以上。座面前缘及两角钝圆。

4.3.3　椅靠背

靠背点以上向后倾斜，与垂直面之间呈 6°—12°(图 3，β)。靠背面的前凸呈漫圆(图 3)，上、下缘加工成弧形。靠背下缘与座面后缘之间留有净空。

4.4　产品技术要求及试验方法

4.4.1　桌面高、座面高的允许误差范围为 ± 2 mm，靠背点距座面高的允许误差范围为 ± 15 mm，其他尺寸误差见 QB/T 4071 的规定。

4.4.2　材料要求、工艺要求、漆膜理化性能要求、力学性能要求及试验方法应符合 QB/T 4071 的要求。钢木课桌椅的桌面、座面及靠背三个部位为木制件。漆膜色调浅淡、均匀，接近天然木色。

附件二：

GB 19151—2003《机动车用三角警告牌》(节选)

4　技术要求

4.1　一般要求

4.1.3　组成警告牌的各部分应不易拆卸，将警告牌放置在道路上，各部分应具有良好的稳定性。将警告牌放入保护罩内时，其可动部件包括支架应是不可拆的。

4.1.4　当警告牌被放置在使用道路上时，警告牌正面应垂直于地面(如果警告牌轴线与地平面之间的夹角不超过 5°，则认为满足要求)。

4.1.5　警告牌正面不得粗糙，应易于清洁；若有凸起不应妨碍清洁。

4.1.6　警告牌及其支架不应有尖角或锐边。

4.1.7　警告牌应带有保护罩，以防止受到侵蚀。如采用其他防护方法，也可以不使用保护罩。

4.2　形状和尺寸

4.2.1　警告牌的形状和尺寸见附录 A(标准的附录)。

4.2.1.1　警告牌的理论边长为 500 mm ± 50 mm。

4.2.2　支架高度

支撑面与警告牌底边之间的距离应不大于 300 mm。

4.5　离地间距

警告牌的所有支撑脚必须能同时落在基准平面上，且在试验设备覆盖区内警告牌及其支架与基准平面之间至少相距 50 mm。

4.6　结构稳定性

在警告牌三角形的顶点位置施加 2 N 的力，其顶点位移不得超过 5 cm，试验后其顶点的位置应与初始无明显差异。

4.10　抗风稳定性

警告牌经抗风力试验后不得倾倒，支撑脚位移不超过 5 cm，三角形部分绕水平轴或垂直轴的转动不得超过 10°。

后记

掩卷回眸，感慨良多。

初遇学历案始于偶然，拥抱学历案终成必然。大凡世间美事莫不由偶然的机遇造成必然的因缘。教育探索也不例外。肇建于新旧世纪之交的元济高级中学已经走过了近十七个年头，这十七年的建校史，也是我校教育教学不懈的求索史。建校伊始，我们就确立了科研强校的基本校策。十七年来，我们一直秉持“穷则变，变则通，通则达”的改革理念，致力于课程与课堂的改革。每一次改革，无论是研究性学习还是“对话教学”，无论是必修课程的校本化还是校本课程的开发，都为我校注入了强劲的发展力量，使我校三年一大步，五年一跨越，十年成传奇，直到如今成为全国名校，浙江省一级重点中学，浙江省首批一级特色示范高中。但是追求卓越的元高人不会满足于此，因为我们知道，行百里者半九十，我们做得远远不够，我们离教育的终极目标还很遥远，所以在汲取已有成功经验的基础上，我们还在努力探索一种使课堂教学更高效、学生在学习中真成长的教学范式。

很有幸，从2013年春天开始，我们与崔允漷教授倡导并研究的学历案教学有了第一次难忘的约会。三载光阴，弹指而过，其间经历多少酸甜苦辣，走过多少迷惘挣扎，又经历多少执着坚定，如今，这场约会终于有了令人欣喜的成果！“流连戏蝶时时舞，自在娇莺恰恰啼”，学历案在元济高中最终破茧成蝶，在我们的课堂之上翩翩起舞。老师们不辞辛苦地设计撰写的学历案，助力学生在课堂上循径攀登，全情投入。那些懒于思考的伪学者不见了，那些怯于表现的畏缩者也开口了；课堂上教师给予少了，学生自求多了，学习力的提升使我们的课堂呈现出前所未有的务实与灵动。因为学历案，我们一直苦苦追求的有序、高效的课堂，在元济高中已经不再是奢望，而是切切实实的生动场景。

三年的求索过程也有诸多难忘的回忆，此时想起依然历历在目……

难忘崔允漷教授及其团队的倾力支持。在三年的研究探索过程中，我们六上华东师大登门求教，崔教授都能拨冗亲自给我们培训、指导，而且将他的研究成果无私地与我们分享。崔教授、周文叶副教授、肖思汉博士的学术报告，为我们的学历案研究奠定了扎实的理论基础。当我们面临困境之时，崔教授总是率领他的团队亲临现场悉心指导，不厌其烦地修改老师们的学历案，为我们的学历案教学做科学细致的课堂观察研究。从理论到实践，从现场到在线对话，从学历案撰写到课堂实施，崔教授和他的团队倾注了百分百的热情与心血。可以说，没有崔教授及其团队，就没有我们元济高中学历案教学所取得的丰硕成果。

难忘元济高中广大教师的积极投入与实践。一所学校的希望与力量全在于教师，而科研兴教，科研强校早已成为我校老师们的共同追求。学校刚开始尝试学历案教学，即得到了不少教学精英的拥护。他们敢于否定自我，超越自我，勇于以一种全新的教学视角与扎实的行动，积极投入到学历案教学的探索与实践中来，他们身体力行，以一带十，以十带百，带动与支持了全校学历案教学的实践，并在实践中总结与反思，形成了 242 份较为成熟而有效的学历案。学校上下，从校长到教师，从经验丰富的老教师到初出茅庐的新教师，都在积极尝试学历案的撰写与教学。老师们以学科为单位，或方案打磨，或教学实践，或观摩研讨，整个学校的学历案研究进行得如火如荼，有效地驱动并丰富了学校的课程改革。

本书是在我主持的浙江省教育科学规划课题“基于‘学历案’的高中学生学习力提升研究”（课题编号：2014SC67）的研究成果基础上完成的，为此，我要感谢课题组的胡水林、范国华、范萍等老师们的积极工作和为课题研究作出的贡献！

感谢沈翔老师为本书的每一个部分倾力撰写“导读”，并参与了本书部分文稿的修改工作，为本书的顺利成型增光添彩！

感谢华东师大课程与教学研究所付黎黎老师对本书出版工作的支持和辛勤工作！

感谢嘉兴市“卢明特级教师工作室”的甘建飞、沈顺良、沈瑶、吴珉、山云峰、陈杰、郭海侠、赵燕明、石小丽、岑晓玲、姜娟芳、檀奇斌、张艳宗等老师！

他们积极参与了高中数学“三角”模块学历案的编制以及学历案的多次课堂观察等活动，为传播学历案思想、扩大学历案的研究范围和影响作出了重要的贡献。

要感谢的人还有很多，很多……值此本书付梓之际，一并深致谢意！

卢　明

2016 年 6 月于杭州湾畔